港城协调理念下的港口规划技术方法创新与实践

INNOVATION AND PRACTICE OF PORT PLANNING TECHNOLOGY AND METHODS UNDER THE CONCEPT OF PORT CITY COORDINATION

李 蕊 丁文涛
董 敏 陈 飞 著

人民交通出版社
北京

内 容 提 要

本书在总结沿海港城空间发展规律的基础上，借鉴国内外港口在港城空间、港城交通、生态港口等方面的发展经验，提供了一套基于港城协调理念的港口规划技术方法，重点对港城空间布局方法、港口集疏运规划方法、生态港口规划方法等进行了有益探讨和实践应用总结，具有较强的推广使用价值。

本书适用于港口规划设计专业技术人员、交通运输水运行业政府和企业管理从业人员以及其他相关人员参考使用。

图书在版编目(CIP)数据

港城协调理念下的港口规划技术方法创新与实践/李蕊等著. —北京：人民交通出版社股份有限公司，2024.7

ISBN 978-7-114-19546-4

Ⅰ.①港… Ⅱ.①李… Ⅲ.①港口规划—研究 Ⅳ.①U651

中国国家版本馆 CIP 数据核字(2024)第 102461 号

Gangcheng Xietiao Linian xia de Gangkou Guihua Jishu Fangfa Chuangxin yu Shijian

书　　名：港城协调理念下的港口规划技术方法创新与实践
著 作 者：李　蕊　丁文涛　董　敏　陈　飞
责任编辑：黄　蕊
责任校对：赵媛媛　魏佳宁
责任印制：刘高彤
出版发行：人民交通出版社
地　　址：(100011)北京市朝阳区安定门外外馆斜街 3 号
网　　址：http://www.chinasybook.com
销售电话：(010)64981400,59757915
总 经 销：北京交实文化发展有限公司
印　　刷：北京市密东印刷有限公司
开　　本：720×960　1/16
印　　张：9.5
字　　数：168 千
版　　次：2024 年 7 月　第 1 版
印　　次：2024 年 7 月　第 1 次印刷
书　　号：ISBN 978-7-114-19546-4
定　　价：68.00 元

编写人员名单

交通运输部规划研究院

李　蕊　丁文涛　董　敏　陈　飞
左天立　查雅平　张民辉　聂向军
郝　军　齐　越　王达川　徐　杏
房　卓　扬　懿　姚海元　薛天寒
胡　怡　沈　忱　粟雅磬　赵鑫哲

中山大学

刘小平　陈广亮

大连理工大学

王　科　张　犀　贺大川

Foreword
前　言

港口是国家综合立体交通网的重要枢纽,在支撑国家重大战略实施、建设现代化产业体系、促进区域协调发展、推进高水平对外开放中具有十分重要的作用。"十三五"以来,交通运输部联合有关部门印发的《关于建设世界一流港口的指导意见》《水运"十四五"发展规划》等文件,要求贯彻落实"创新、协调、绿色、开放、共享"的新发展理念,加强系统谋划,推动港产城融合发展。

港口总体规划是港口发展的空间指南和建设蓝图,充分发挥港口规划的指导作用,科学布局港口及周边生产空间、生活空间、生态空间,建设生态港口、实现港城协调发展,是贯彻新发展理念、顺应现代化港口发展趋势的必然要求,也是适应国土空间规划改革的客观需要。以往港口总体规划技术方法侧重港内生产空间布置的合理性,研究重点是建港条件、运输需求、港口岸线、水陆域资源利用等,缺乏对城市、交通、环境等港口外部要素的系统性谋划。为加快构建港城融合发展新格局,促进港口高质量发展,需要加强规划顶层设计,在港口总体规划中深度融合港城协调可持续发展理念,强化空间规划的港城要素和生态要素,对港口、城市、环境进行系统性规划,探索港城协调理念下的动态化、定量化的规划技术方法,实现港口、城市与环境多元协调发展。

本书对港口规划技术方法进行了诸多的创新与实践。一是运用"港城缓冲区"概念提出了港城融合的新型港城空间布局,将元胞自动机模拟技术应用于港口规划领域,充分考虑港城互动影响因素,建立了新兴临港城市空间动态扩张模型,提出了港城空间拓展适宜性评价方法;二是充分考虑城市短途交通与港口至腹地长途运输交织混行的特点,针对港口货运交通和城市客运交通构成的混合交通系统,运用交通仿真技术,建立了覆盖新兴港口和新兴临港城市的道路交通动态混合仿真模型,提出了港口集疏运体系适应性评价方法;三是综合运用水动力、水体交换、风动力等模拟技术手段,提出了生态港口规划方法和技术路线。

本书结合近年来大连、宁波舟山、莆田、茂名等港口规划编制实践,对港城协调理念下港口规划技术方法进行探讨,形成了一套包括港城空间拓展、港城交通协同和生态港口规划等多元评价方法的港口规划技术,对于提升港口规划内涵、创新规划编制技术、促进港城融合和绿色发展具有重要意义。

本书各章作者如下:第一章董敏、李蕊等;第二章董敏、陈飞、左天立等;第三章董敏、李蕊、陈广亮等;第四章陈飞、李蕊、丁文涛等;第五章李蕊、左天立、王科等;第六章丁文涛、董敏、陈飞等。李蕊对全书内容进行了校对和修改完善,张民辉、查雅平等对全书内容进行了审定。

本书在编写过程中得到了大连市交通运输局、舟山市港航管理局、莆田市交通运输局、茂名市交通运输局、大连太平湾投资发展有限公司等单位的大力支持,在此一并表示感谢。希望本书能够为港城协调理念下的港口规划编制创新提供借鉴和参考。

受作者水平及编制时间所限,书中难免有不足和疏漏,敬请批评指正。

作　者

2024 年 3 月

Contents
目录

第一章　港城空间发展规律 …… 1
　第一节　沿海城市扩展影响因素 …… 1
　第二节　城市空间发展规律 …… 3
　第三节　港口空间发展规律 …… 6
　第四节　港城空间发展规律 …… 9
第二章　国内外港城发展经验 …… 17
　第一节　港城空间发展经验 …… 17
　第二节　港口集疏运发展经验 …… 30
　第三节　生态港口发展经验 …… 32
第三章　港城空间布局方法探讨 …… 41
　第一节　布局原则 …… 41
　第二节　港城空间布局方法 …… 41
　第三节　港城空间拓展定量分析 …… 48
第四章　港口集疏运规划方法探讨 …… 68
　第一节　规划原则 …… 68
　第二节　港口集疏运体系发展格局 …… 68
　第三节　铁路集疏运通道规划方案 …… 71
　第四节　公路集疏运通道规划方案 …… 71
　第五节　公路集疏运通道适应性分析 …… 74
第五章　生态港口规划方法探讨 …… 90
　第一节　规划思路 …… 90
　第二节　生态港口规划方案研究 …… 92

第三节　港池水体交换研究 …… 105
第四节　风场模拟研究 …… 119
第六章　应用案例 …… 126
第一节　宁波舟山港衢山港区控制性详细规划 …… 126
第二节　莆田港口集疏运体系研究 …… 129
第三节　茂名港总体规划 …… 135
参考文献 …… 142

第一章 港城空间发展规律

第一节 沿海城市扩展影响因素

城市用地扩展与该城市的发展是密切关联的,一个城市用地的扩展是这个城市城市化发展的集中反映,也是各种动态因素综合作用的最终结果。随着城市经济发展,城市产业部门不仅从城市内部,而且从城市周围吸收进大量满足产业发展要求的劳动力,城市开始向外缘地区扩展。城市活动向郊区扩展首选是从工业生产与居住活动开始。由于配套良好的交通条件使其周边用地具有了区位优势,工业成组布局、人口大量集聚,从而加快了城市用地扩展速度,并改变了城市用地布局形态。

我国沿海开放地区具有经济发达、人多地少、经济发展迅速,人口承载量大于内陆地区,建设用地的扩张速度也远远超过内陆地区的典型特征。改革开放后这些地区城市得益于与世界其他地区便捷的海上连接优势,发展成许多百万人口以上的特大城市,每年建设用地约 2.3 ~ 3.3km^2。在对沿海城市空间拓展的研究中,普遍认为沿海地区城市扩展是随生产力发展不断向外围地区发展的,尤其是港口布局是引起沿海城市用地扩展的主要动力。沿海城市空间的拓展主要受五大因素影响。

一、城市增长边界

城市增长边界即城市的可利用地轮廓界限,它可以反映城市用地可扩展空间的规模。城市用地的扩展在城市发展的各个时期都是不均衡的,它取决于城市发展的动力和条件,但是限制城市最终形态的无疑是城市边界。一方面,城市增长边界是区分城市化地区与周边生态开敞空间的重要界限,从保留地形、地貌的角度出发,认为城市区域是应该具有地理界限的有限空间,这些地理界限的来源是地形、农田、分水岭、河流、海岸线和区域公园等,发展不应使城市的边界变得模糊或是消失。另一方面,研究认为城市增长边界是城市的预期扩展边界,边界之内是当前城市与满足城市未来增长需求而预留的土地,是控制城市无序蔓延而产生的一种技术手段和政策措施,也是城市在某一时期进行空间拓展的边界线。它既可以是有意保护城市所处区域内的自然资源和生态环境作为控制城市发展的“刚性”边界,也可以是合理引导城市土地的开发与再开发成为引导城市增长的“弹性”边界。

二、城市主要交通轴线

城市主要交通轴线主要是指城市对内对外的主要交通线路,包括铁路、河流、干道等。交通轴线的走向、等级、数量直接影响城市用地的扩展速度和方向,城市主要交通轴线决定了城市用地的形态变化,使城市用地扩展分为三种形态:块状形态、带状形态和星状形态。在城市空间开发与利用上,轴线开发和有机集中理论为许多城市用地布局提供了思路与模式,有许多重要城市都是沿着交通干线向外延伸扩展,重要的经济开发区、高新技术园区与房地产建设也是沿着交通走廊进行布局,形成了城市的新市区。

三、街道网格结构

街道网格结构是城市用地形态的基本骨架,网格的结构、密度对城市用地的空间结构有极其重要的影响。街道网格结构主要有棋盘格型、放射型和混合型三种,由于我国城市形成的历史较长而复杂,大部分城市是混合型态的,不同北美城市形成较迟,多为方格状的棋盘格型。城市的道路网络骨架往往和城市形态的形成和发展、城市组团间的联系密切相关。因此,这部分道路在城市交通中的地位较高,通常承担着出入境、过境、城市组团间的交通量,它们既是城市各分区、组团和各类城市用地的分界线,又是联系各分区、组团和各类城市用地的通道。

四、城市人口和经济要素集聚点

城市地区的人口经济集聚实际上主要是有关工业和人口的空间集聚,也包括城市社会中的人流集散点和交通道路交叉口、广场等聚焦点。城市的有机集中就是经济集聚和创新空间的发展,主要表现在六种集聚效应功能:①工业生产的集聚;②劳动力的集聚;③金融资本的集聚;④商贸物流的集聚;⑤人才、技术信息的集聚;⑥决策功能的集聚。结合我国实际,城市用地空间扩展形成城市经济发展的

“节点”和“轴线”,国外经济学家也称之为“增长极”。一个“增长极”是由一类相关产业组成的综合体,它们从相互接近的配置中获得巨大规模的经济效益。“增长极”是围绕着特定的主导产业而发展起来的,通过投入产出关系而紧密联系在一起的产业群体,通过集聚区域的扩散规律来诱发其周围腹地的经济增长,从而吸引城市要素在周围迅速集聚,城市也随之围绕着“增长极”不断地向外蔓延扩张。值得一提的是,沿海城市由于普遍存在大量的海岸线,从城市环境考虑,海岸的岸线资源是具有不同功能和潜在价值的地块,能形成不同的空间景观和旅游休闲景点,这也是吸引城市用地扩展的重要因素。

五、土地利用功能分区

土地利用功能分区即是土地分块。美国把城市用地分块也称之为分区制,即是将城市用地划分为若干个功能结构不同的块,然后进行分区规划建设,以符合城市性质与空间布局和生态环境的要求。功能区是实现城市职能的载体,城市功能区的形成过程是产业或者城市功能要素在特定的城市空间集聚的过程。这个过程与城市政府对城市的定位和城市功能的布局有着直接的关系。经济功能区作为城市土地利用的最重要功能分区,其主导产业通常都具有较高的经济效益,而且具有多层次、长产业链的特征。经济功能区是区域比较优势和核心竞争力的现实表现,是城市经济发展的动力源泉,也是城市扩张的引擎。从产业角度看,港口经济是以港航及相关产业为核心的产业经济,其载体就是由港口关联产业逐步发展形成的“产业集群”。国内外发展经验表明,港口产业的集群现象日趋明显,如荷兰鹿特丹、美国密西西比河、莱茵河沿岸地区早就形成了公认的港口工业产业集群或临港产业带,即港口城市在成长初期主要以港口产业带为依托开始发展。

综上所述,随着生产力的发展,城市需要不断向外围地区发展。产业集聚布点、对外交通的发展是引发城市用地扩展的主要动力,自然环境建设、政府的决策与规划宏观调控以及基础设施建设也对城市用地扩展起到促进作用。

第二节　城市空间发展规律

一、交通脉动规律

城市空间的开发与利用受城市交通走向及其脉动规律支配制约,主要体现在城市空间的轴线开发和有机集中两种发展理念。城市空间从无到有、从小到大都经历了从绝对分散到相对分散以及从绝对集中到相对集中和有机集中的发展演变。在有机集中过程中,多数城市空间拓展遵守了以交通走向为主的点轴发展规律,有重点、有次序地集中。为了克服城市空间发展过程中过分集中或过分分散的弊端,城市的用地空间结构与形态不可能仅仅依赖中心发展。所以应当充分利用交通走廊的发展优势,应用交通脉动规律,适当进行大城市空间的有机疏散。城市的对内对外交通,是每个城市生长发育的基本因素。

城市的交通走廊(对外交通)是城市经济发展的生命线,又称为经济命脉。城市作为区域经济的发展中心,如果中断了对外交通的联系,经济上便会“窒息”而亡。所以城市自产生之日起,就开始建设自己的对外交通线路和设施。城市的起源即在交通便利的地方、河流口岸或陆路交通位置优越之处。那城市的发育成长沿着河流、道路日渐发展壮大。因此,城市交通走廊就是城市成长的生命线。

城市用地空间扩展的交通脉动规律在城市发展过程中主要有三种表现方式:一是工业区、开发区沿干线公路建设集中区;二是房地产商建设资金投向交通方便、地段较好的规划区;三是与高速公路邻近的多为大型旅游设施、度假村集中开发区。

二、定向开发规律

城市在形成和发展过程中,由小到大、由分散到集中、由过分集聚到区域空间扩散,都是城市基础建设逐步完善、城市用地不断集约化的现象。整个城市建设活动呈现出整体连续性的扩展,这种整体连续性的扩展又存在着局部分散扩展的现象,表现在城市用地扩展的有序性与无序性。因此,城市发展应符合定向开发规律。符合定向开发规律的总体表现是:城市用地扩展的有序性、城市用地集约化、利用效率较高、有较大的社会和经济效益。

20 世纪 80 年代中后期,针对美国城市化高速发展所带来的都市空间迅速拓展,从而导致城市的经济成本、社会成本、环境成本日益高昂、城市景观单调等问题,美国城市规划学者提出了“精明增长”(Smart Growth)的新理念。他们认为:城市规划建设应该相对集中,形成密集型的组团,组团与组团之间由较为开阔的绿地相隔离,单个组团的生活和就业单元应该适当地混合,混合过程中注意生态平衡和生活的舒适度。“精明增长”理念促进了城市结构形态从单中心向多核心的演进。此后按照精明增长理论进行规划的地区,一般可以节约投资成本与土地成本的 40% 左右。“精明增长”已经成为美国现代城市空间发展规划地法则,也在世界上许多城市的空间发展中得到了充分印证,最典型的是东京的“一城多心”以及巴黎、上海、广州等城市的多中心结构。

定向开发规律具体表现为在定向开发地区集中投资和建设市政设施，配备基本的生产与生活设施，即工业项目、房地产开发项目应与服务性行业相配套，这也符合美国城市“精明增长”的规划理念。城市用地空间扩展应遵循定向开发的规律，不仅可以避免城市边缘地区“四面开花”“到处开发”的混乱局面，也节省了大量的基本建设投资，有利于城市整体有序发展。

三、经济集聚与有机疏散规律

城市地区的经济集聚实际上是相关工业和人口的空间集聚，形成城市经济发展的“节点”和“轴线”，也称为“增长极”。一个“增长极”是由一类相关产业组成的综合体，它可以降低投资成本与用地成本，各组成部分从相互接近的配置中获得巨大的经济效益。“增长极”是围绕特定的主导产业发展起来的，通过投入产出关系而紧密联系、并在地理上集聚在一起的产业群体。20 世纪 80 年代末期，“紧凑城市”策略研究兴起，其理论更关注城市的能源消耗所带来的环境、社会经济的发展后果，并形成一个共识：以小汽车为导向的交通方式、低密度的城市空间扩展，即所谓的“拓展”方式的城市扩张是不可取的。

城市用地空间的经济集聚发展到一定程度后，也需要空间上的有机疏散。著名的城市规划大师沙里宁提出的“有机疏散”理论一直影响着世界各国的城市规划。他主张根据城市的功能和多种条件，把城市有机地分解和组织成城市的各个区域空间，并使城市的布局具有足够的灵活性，以适应现代城市的有机成长。沙里宁的“有机疏散”理论在引入生态协调观念的同时，还在其分散模式上提出了空间紧凑的概念，表达了集中前提下的分散以及分散后的紧凑与集中的辩证思想。其核心思想是在强烈反对城市用地空间过度集中的前提下，通过“有机疏散”而达到适度的有机集中。

“有机疏散”具备两个基本原则：①个人日常的生活和工作区域应集中布置，可以使活动需要的交通量减少到最低程度，不必都使用机械化交通工具。②不经常的偶然活动场所不必拘泥于一定的位置，可作分散布置。往返于偶然活动场所，虽然路程较长，但由于在日常活动范围外缘绿地中设有畅通的交通干道，所以可以使用较高车速的交通工具迅速往返。

城市用地空间扩展也要结合社会、自然、生态三位一体的有机秩序并集聚在某一区域范围内，安排一切空间与非空间要素，形成有生命力的、可持续发展的城市开发空间，使空间要素的组织既在集中中疏散，也在疏散中集中。

第三节 港口空间发展规律

一、港口分类

根据港口功能定位，结合港口资源条件、交通区位条件，我国港口总体上可分为三类，包括综合运输型、临港工业型以及两者兼顾型。

1. 综合运输型港口

此类港口一般处于出海通道的有利位置，具有良好的区位条件、城市依托条件和港口资源条件，以服务综合运输为主要方向，并且又可以细分为腹地型港口和水水中转型港口两类。综合运输型港口运输关系示意图见图1-1。

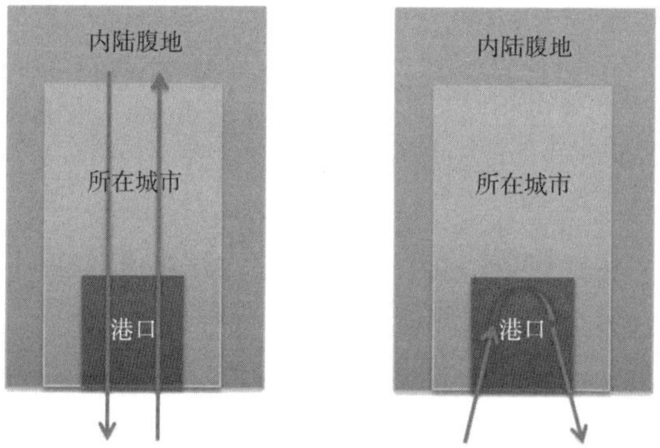

a) 腹地型港口示意图　　b) 水水中转型港口示意图

图1-1　综合运输型港口运输关系示意图

腹地型港口又称作通过型海陆联运港口，主要通过高速公路或铁路与经过城市直接连接后方大腹地，同时具备较为完善的仓储等功能。

水水中转型港口与所依托的城市关系相对简单，港口对城市的经济贡献主要局限于其直接的业务本身。

腹地型港口和水水中转型港口与所依托的城市关系相对简单，港口经济贡献主要局限于其直接的装卸和仓储业务本身。

2. 临港工业型港口

此类港口土地、岸线资源储量丰富，环境承载力较强，后方依托布局工业园区和临港产业区，具备发展临港产业的配套条件，规划明确以服务临港工业发展为主。临港工业型港口运输关系示意图见图1-2。

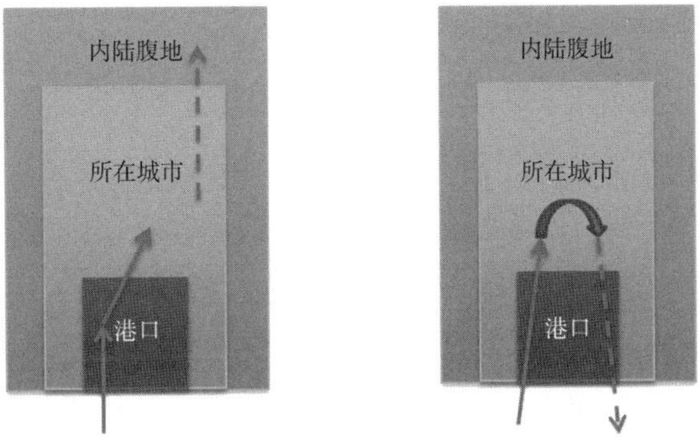

a) 临港工业型港口（产品销往内陆）　b) 临港工业型港口（产品销往海外）

图 1-2　临港工业型港口运输关系示意图

临港工业型港口与所在城市的关系相对紧密，城市所集聚的港口相关的工业需要通过港口进口原材料，其产品销往中国境内外，整个生产过程既离不开港口的服务，也离不开城市的支撑。

3. 两者兼顾型港口

此类港口具有综合运输型和临港工业型两者兼顾的功能，港口岸线资源和土地资源等条件相对较优，且处于出海通道的较优区位上，结合未来发展需求，在临港工业和综合运输的服务功能方面存在一定的调整空间和弹性。

二、港口空间布局

1. "港口 + 仓储物流园区"综合体的空间布局

此种空间布局形式是综合运输型港口最典型的港口空间布局形式。仓储物流园区布局以码头为核心，布置在港口及联运设施后方及附近，甚至布置在稍远的交通枢纽节点，其主要功能有拆装箱、仓储、再包装、组装、贴标、分拣、测试、报关、集装箱堆存修理以及分拨配送等，提供一体化物流服务。

2. "港口 + 贸易加工区"综合体的空间布局

港口与贸易加工区的布局形态可大致分紧密型与分离型两类。

(1) 紧密型布局。

加工区紧邻港区布局，两者空间呈一体化布局形态。国内外贸易加工区（包括港口自由贸易区、港口物流园区、港口开发区等）的产业特征是商贸、物流与下游加工制造业，其产品的主要目标市场为境外，需要有密集班轮航线服务支持，所以大型外向型贸易加工区一般以集装箱干线港为依托，直接布置在集装箱干线港口后方为最佳区位。

此种布局方式既节省运输成本,又可以与相关产业企业形成特色产业链;其缺点是随着港区经济的发展,受加工贸易企业的围合,港区用地无法扩展。

(2)分离型布局。

分离型布局是指港区与加工区有一段距离,两者空间相对独立,不具备紧密型布局条件的加工区,需要与干线港区有高效、便捷货运通道连接。

从加工区与城区的空间关系看,根据贸易加工园区内加工产业门类不同,加工区与城区的距离也可以不同。对于污染较为严重的贸易加工园区,需在其周边设置一定宽度的防护绿带与城区隔离。对于污染较轻的贸易加工区则可以与城区接壤,进行一定的绿化修饰与入口设计,使得加工区与城区有机联系起来,成为港口城市一道特殊的风景线。

3."港口 + 大型临港产业"综合体的空间布局

大型临港产业具有明显的运输指向性特征。因此,减少港口与产业区之间的转运环节、缩短运输距离以尽量降低物流成本是临港产业布局的重要引导性因素。

港口与大型临港产业综合体的布局结构一般呈现紧密型布局特征,但也有部分综合体受资源条件的制约,采取分离型布局。具体来看,其空间结构形式大致分三类:

(1)紧密型之一:以项目为单位的独自配套布局。

工业区内各企业分别建设为自身服务的专用码头,企业完全掌控自己的海上接卸终端设施。这种模式需要有较丰富的岸线资源支持,适合于带状布局的沿江、沿海岸带工业走廊,或者工业区内河网发育、适宜布置挖入式港池的情形。国外大型港口、重化产业综合体(如荷兰鹿特丹港、比利时安特卫普港的临港工业区以及新加坡港的裕廊工业岛等)较多采取这种模式。

此种布局方式以重化工为主,由于具有投资大、资产专用性强、地块占用面积较大的特点,需要临海岸线布置用地,并配置专用码头。其缺点是码头的专属性,导致码头公共服务缺乏、利用率降低、占地面积较大、与周边的交通运输网络联系较弱、污染较为严重。当港口城市功能提升时,需要对重化工产业进行生产工艺的升级,并逐步迁移污染严重、效益低下的企业。

(2)紧密型之二:按专业功能划分的临港产业港区布局。

工业区按专业进行分区,每个专业工业区均配置专业化的配套码头。此种布局方式的专业化分区形成了特色的产业集群。缺点是各产业集群之间的关联度一般,由于地块划分较大,不利于交通网络的组织,对于港口城市宜居性的营造也有一定制约。

(3)分离型:港区与产业区独立设置,空间分离布局。

为工业区服务的码头统一规划布置成港区,与工业区空间上呈分离布局,港区通过物料输送管道将原料运送至工业区。这种布局方式是通过良好的集疏运系统以及电子信息化物流业支撑港区与产业区的独立设置,其缺点是一些与港口关联度高的企业无法充分发挥其优势,同时两者的空间分离会导致产业集聚效益的减弱。

第四节　港城空间发展规律

一、港口城市的空间组成

从港口城市发展的进程看,港口是城市的重要资源,是多功能的基础设施,也是城市工业、商业、金融及其服务业发展的重要条件。城市作为港口的载体,本身只有与港口的功能之间实现有效关联,才能达到港城互相促进发展。港口城市从地理空间格局上看,分为港口区域、城市区域以及连接港城间的疏港功能系统。

港口区域是包括码头、航道、锚地、堆场、仓储和相关配套的直接生产作业区,规模化的临港产业和物流园区,以及由政府部门负责的边检、海关、海事、港监、检验检疫等公共服务区等。

城市区域包括商业金融用地、居住用地、生产及生活服务用地以及污染较小的产业基地。山体、河流等生态保护用地间杂在港区、城区间。与此同时还有疏港道路系统、生活性道路系统贯穿连接港区与城区。

疏港功能系统包括公路、铁路、水运(内河运输)、管道等的交通运输方式。其中,在承担港口集疏运功能中,水运主要承担沿江和沿海地区的矿石、原油、煤炭、液化气和液体化工产品等货类的中转运输服务;公路主要承担直接腹地的集装箱和部分散杂货的集疏运任务;铁路主要承担港口大腹地铁路沿线的金属矿石、煤炭、粮食、成品油及液体化工等物资和集装箱的运输;管道主要为原油及其制品等提供运输服务;皮带输送机主要承担临港工业企业的煤炭、金属矿石、粮食等货物的集疏运服务。

二、港城互动发展

(一)港城发展相互促进

1. 港口促进和推动城市发展

港口城市因拥有港口而有着其他城市无法比拟的优势。

(1)城市发展可以充分利用港口所带来的巨大辐射力。港口的腹地一般包含三大层面,分别是:港口所依托的城市、通过各种集疏方式与港口联系的内陆地区、港口之间通过航线连接的海外区域。港口的后两种腹地往往超过城市经济辖射所能达到的范围。因此,港口城市利用这一有利条件增强了城市的服务功能,加强了港口城市与世界其他城市的连通性。

(2)港口为城市创造出聚集现代工业的优越区位条件。利用港口的便利的运输条件,临港工业的运输成本得到大量节约,港口作为资金、人才、技术、信息的中心,为企业的发展提供多方面的支持,同时港口作为综合运输网络的重要节点、水陆交通的枢纽,具有连接城市内外市场的作用。港口的区位优势对港口城市产业结构产生影响,能够提高产品的竞争力,同时为港口城市提供更多的就业机会。港口城市正是利用港口的这些功能,其社会经济的发展与非港口城市有着非常明显的不同。

2. 城市支撑港口的发展

港口是城市发展的动力,城市给港口的发展提供支撑和载体。城市为港口发展提供了必须的环境保障,促进提升港口的发展功能。

(1)城市对港口的发展提供空间。港口要得到快速发展,首先要通过合理的规划来确定港口的地位、发展的方向,以及港口土地利用的合理布局。港口的发展与后方的空间、集疏运等硬件设施息息相关,因而必须依托于港口城市。同时,城市的基础设施是港口发展不可或缺的条件。城市交通运输方式的多样性、各种方式的衔接程度以及通信设施的先进程度,这些都直接影响着港口功能的发挥。

(2)城市是港口发展的直接腹地。港口城市的规模一般也影响着港口的规模,港口的发展离不开腹地的支持。港口城市是港口最直接的腹地,城市规模越大,经济越是发达,对港口的支撑、配套服务能力就越强,港口发展的活力越强。

(3)城市发展促进港口功能的提升。城市经济的发展影响到港口的功能定位、战略选择、辐射范围等。城市的发展促进港口功能向多元化发展,港口由传统的运输功能逐渐发展成为集运输中转功能、临港工业、物流配送等多功能为一体的重要的城市对外基础设施。

(二)港城发展相互冲突

港城之间存在着显著的差异,这种差异源自在有限空间内两个空间实体的客观存在。

从功能和目标上来看,港口和城市存在显著不同。港口的主要功能是运输、存储、加工、贸易等,其发展的目标是提高效率、追求效益、促进经济发展。而城市的功能主要是社会、经济、服务等功能,其发展的主要目标是不断提高市民的居住和生活质量。从港口方面来看,由于集疏运体系常常被城市生活所干扰,致使港口的物流活动受到限制。从城市方面来看,港口带来了诸多的环境问题如噪声、污染、交通拥挤等,港口生产作业在影响城市环境美观的同时也带来了一定的安全隐患。

从用地情况来看,港口与城市的发展在用地方面也存在着相当大的冲突。港口发展需要更多的临港产业用地,同时城市发展也面临着建设用地相对紧张的状况。港口的发展不仅受到国家政策的管制,同时在法律授予地方利益优先的条件下,也受到地方的控制。因此,港口经常被当作是一个“治外法权”的地区存在城市中。

三、港口城市空间形态演变基本规律

港口功能演化推动临港产业更替进而引发城市主导产业变迁,并通过作用于城市产业空间形态和功能分区等实现港城系统的空间重构。从第一代到第四代港口,其功能逐渐从运输与贸易中心、工业中心演化为物流中心和资源配置枢纽。港口功能的每一次提升都会牵动临港产业实现一次飞跃,主导产业从外贸加工业更替为临港重化工业,再到高新技术和以现代物流为主的增值服务业。最终临港产业发育为一个复杂的产业体系。

港口城市的空间形态受到自然地理空间的限制、生态环境保护、港口和城市经济的发展等因素的共同作用,其空间形态从块状、带状向组合式港城形态发展。在港口城市发展初始期,由于城区发展规模不大,港区功能较为单一,加之道路交通运输系统简单,港城空间形态呈块状形态。随着航运业的发展,港口经济随之快速发展,港口城市对于自然岸线的开发进一步加强,港口城市逐步进入快速发展期,空间形态由块状形态逐渐向带状形态演进。港口城市进入相对成熟期后,随着港口工业和船舶大型化的发展,由于自然地形、生态环境的限制,原有的港口条件不适应港口发展要求,港口开始向外海开辟新港区,港口城市的空间布局便相应转移,其空间形态随新港区的开辟而变化,新城围绕新港兴起,形成组团式城市,整个城市向组合式形态演进,形成专业化、特色化分工的组团。

(一)港城时空发展规律

1. 港口城市发展初始期

港口初期大多是以其优良的禀赋为基础而发展起来的。港口运输装卸功能的发展吸引了城市的集聚,港口周边逐渐发展成为城市的核心区。港口本身是位于城市中心区的一个商品物资的集散地,也为城市贸易服务。城区和港区浑然一体,无论从经济上或是从地域上都难以明显分离。港口城市发展初始期空间布局示意图见图1-3。

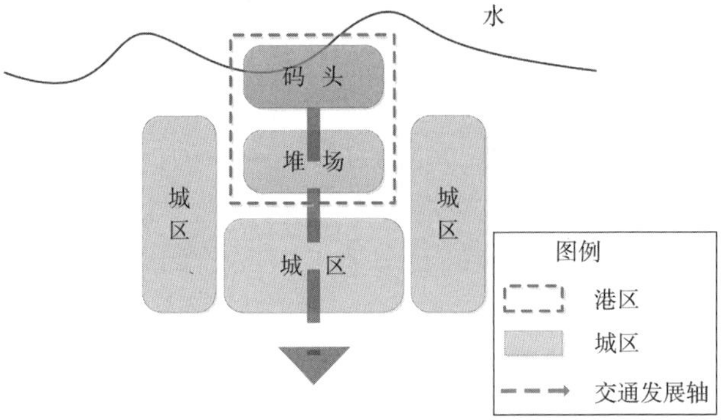

图1-3 港口城市发展初始期空间布局示意图

2. 港口城市快速成长期

经济全球化带动了港口经济的快速发展,港口土地的急剧扩张加上城市也迫切需要扩大自己的工业、商业和住宅区,导致港区与城区间土地的激烈争夺。在此阶段由于港口经济的快速发展,港口的规模优势不断得到加强,通过新建码头,其运输能力大大增强,吞吐量也不断快速增加,港区用地面积较城区用地面积更大。港区以海为轴的带状发展特征显著,港口的运输能力加强,港城空间拓展方向主要体现为"港进城退"。由于港区发展给城市带来一定的污染和拥堵,以及城市对生态环境保护和提高生活质量要求的不断提高,港口生产活动不宜和城市活动混在一起,也就出现了港城分离的现象。紧邻港口后方的城区对港口起到的作用更多是解决港区的职工居住和生活等简单的配套问题。港口城市快速成长期空间布局示意图见图1-4。

3. 港口城市发展成熟期

这个阶段由于港口运输集装箱化以及船舶大型化的发展,港口对外连通性不断增强。港城以海为轴的带状空间拓展特征不断加强,但是由于地理空间的限制,新港区多跳出老港区范围,在新的地区建设,与老港间通过大交通通道联系,形成分散式组团布局。港口设施专业化水平不断提高,临港产业规模化优势明显,港口的发展由传统的、单一的货物运输模式向第三方物流中心转变,其后方会集聚提供全方位、高效的现代物流服务企业,促进港口商贸物流业的发展,拓展现代化物流功能,逐步形成物流分拨和综合运输服务中心。同时,城市空间中出现并形成了更多与港口相关的产业组团。

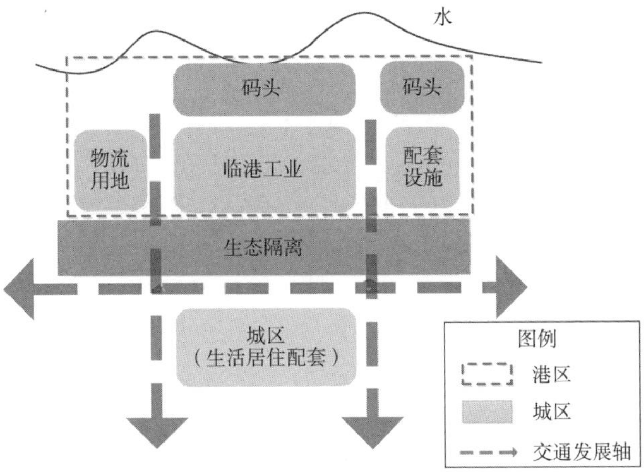

图 1-4 港口城市快速成长期空间布局示意图

在此阶段不仅涉及新港区的开发，老港区的改造也是一个关键的问题。由于老港区的相关港口传统工业逐步转移到其他区域，原港口位置根据之前情况通过转型升级发展新型产业，对不适合的老港区进行城市化改造，逐渐转换为城市功能用地，因此港城空间发展在老港区中会出现“港退城进”的组织布局。后方城区逐渐向靠近海岸线方向发展，对港区所起的作用不仅是解决港区的职工居住和生活的基本配套问题，而且可以形成与生产相配套的商贸、金融、代理、咨询、海事等高端配套服务，形成与港口关联度高的新型临港产业。城市形态表现为城市与港口融合发展，两者相互促进。港口城市发展成熟期空间布局示意图见图 1-5。

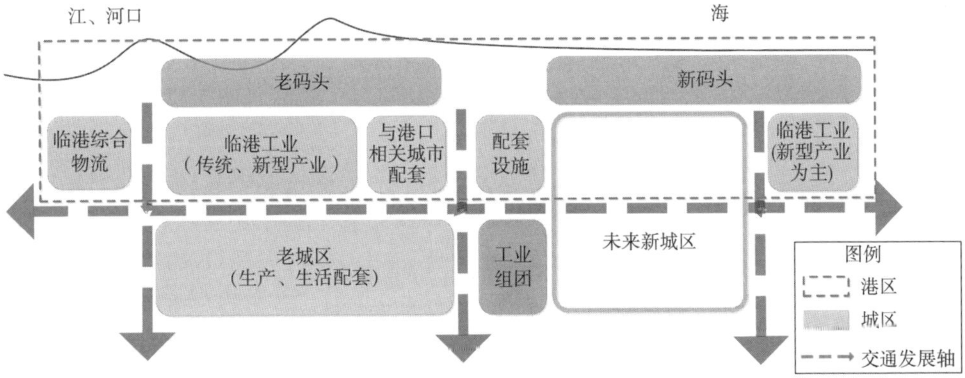

图 1-5 港口城市发展成熟期空间布局示意图

4. 港口城市后成熟期

激烈的竞争使得港口进入了缓慢的发展阶段，迫使港口功能出现多样化，逐步从传统装卸功能发展成为集装卸、物流、商贸、金融、客运、旅游等于一身的综合港口。受惠于港口产业的带动作用，港口城市的产业体系进一步完善，并向多元化方向发展。城市将形成港口经济以外的新的经济增长点，但城市的发展仍然以港口为中心。

港口的吞吐量增长缓慢使港口城市依靠已建立起来的产业体系进入自增长时期。城市规模的扩大、产业结构的完备，使得港口对城市的相对贡献度下降。这时的港口面临两种关键选择：一是进入衰退阶段，即港口逐渐被城市内其他产业或附近港口所替代；二是进入新的成长阶段，即港口寻求到新的发展途径，这种新周期并不是原始生命周期的简单重复，而是在原来成熟期基础上的进一步发展。

对于港口的新生，可以采用平稳型和创造型两种不同的方式。平稳型的港口新生主要是指港口对传统功能的进一步发掘，充分发挥自身的运输和装卸功能，可以改造升级已有码头设施和兴建新码头等。港口城市后成熟期平稳型空间布局示意图见图1-6。创造型的港口新生是港口通过创造性的港口功能转型或及时进入其他领域来寻求港口企业发展的新增长点。港口城市后成熟期创造型空间布局示意图见图1-7。

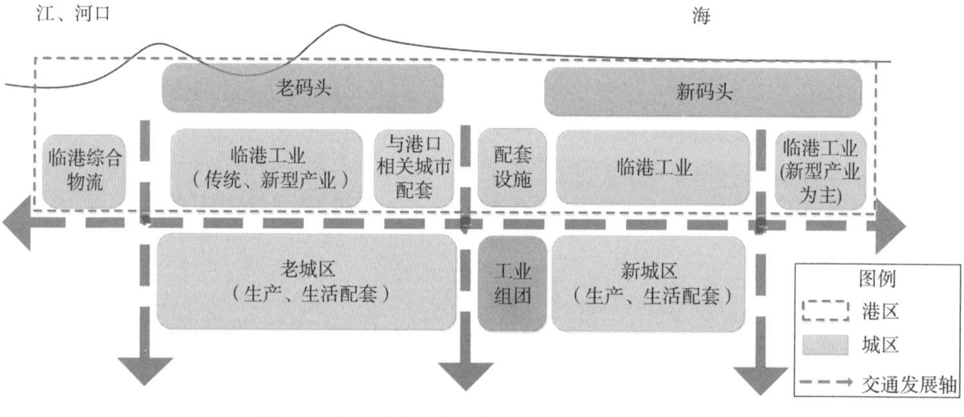

图1-6 港口城市后成熟期平稳型空间布局示意图

（二）港城空间布局规律

港口城市的内部空间结构，即港区与城区的空间组合关系由港容城内，逐渐演变成港城分离，再度发展成港城融合。其通过港口历史演变和发展最终形成的空间布局可概括为以下两种形态：

1. 港城相对分离形态

港城相对分离形态的形成多出现在港口城市快速发展期。在经济全球化的背景下，港口城市的外向型经济不断加强，港口为城市的产业发展提供了新的发展动力。港口用地迅速膨胀，使其本身成为临港工业的重要载体，在码头后方直接形成以产业空间为核心来组织的港区，而城区整体空间由于生态环境保护、宜居性等原因与港区分离，内部功能结构也相应调整，建立起生产和生活服务配套区、商业金融区、居住区以及工业区。

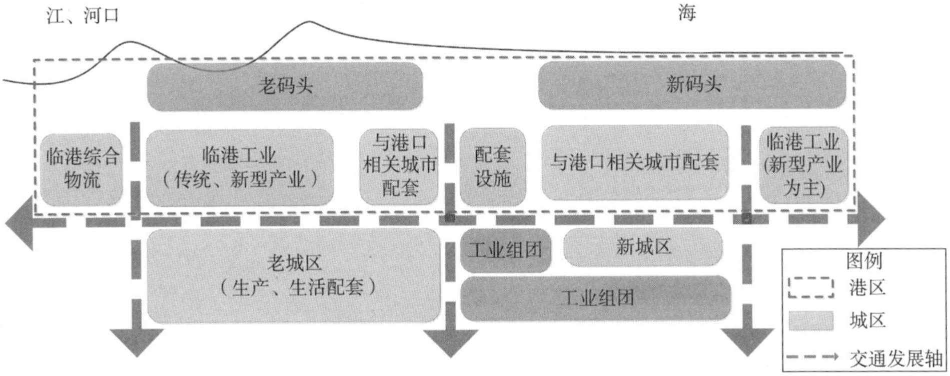

图1-7　港口城市后成熟期创造型空间布局示意图

港城相对分离的布局形态常见于我国沿海港口，这种布局形态的形成具有明显的历史推演的痕迹，也是大多数港城矛盾不断激化的最终产物。港口为维持业务的增长，不断沿海岸开发新港区，建设新码头，并在其后方建立临港工业区；城市一方面受惠于港口发展带来的经济和就业的增长，紧邻港口建立新城区；另一方面由于港口的对于城市生活的干扰，又希望在港口与城市间建立生态隔离带。港城看似“分离”的发展其实为港城矛盾的激化埋下了隐患，港口对外的集疏运都需要穿越后方城区加快港口对城市的干扰，由于设立了横向的生态隔离带，港口的发展空间被城市所束缚，港口失去了持续的发展空间。同时，隔离带也阻断了后方城区逐渐向海岸线方向的发展，使城市无法形成与港口生产相关的高端配套服务，失去了城市与港口融合发展、相互促进的机会。港城相对分离空间布局示意图见图1-8。

2. 港城交互融合形态

港城交互融合布局形态出现在港口城市发展初始期和相对成熟期。这两个时期的港城交互融合的动因是完全不同的。港口城市发展初始期由于港口只是作为城市一个物资集散地，是城市的组成部分，因此在空间形态上是港城融合，确切地说是港容城内，并不是真正意义上的现代港口城市。港口城市相对成熟期由于临港经济的大发展和临港产业的不断升级，城市形成与港口生产相配套的商贸、金融、代理、咨询、海事等高端配套服务，城市形态表现为城市与港口融合发展、相互促进的一体化形态特征。

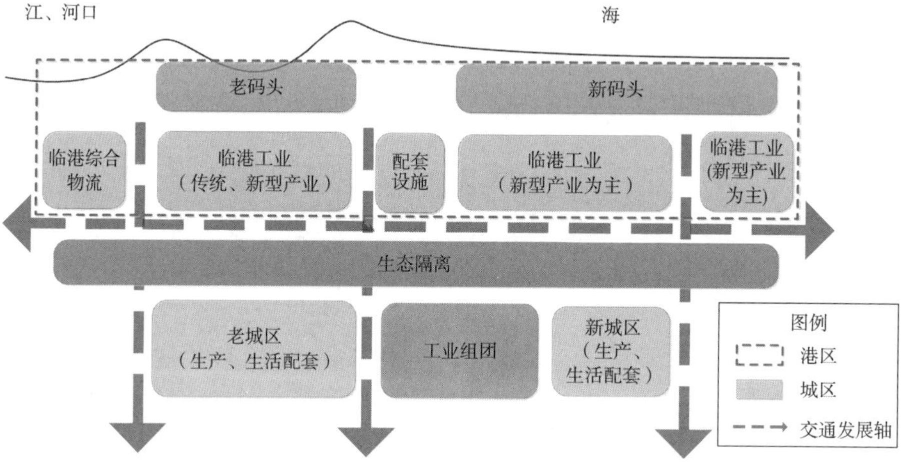

图 1-8　港城相对分离空间布局示意图

港城交互融合的布局形态与相对分离的布局形态的区别主要是后方临港产业、城市、集疏运通道以及生态隔离带是竖向平行布局而非横向交叉布局。港口同样沿海岸线横向发展，但是后方的临港产业和城市都与港口有接触面，港口集疏运主通道与生态隔离带竖向平行布置在临港产业与城市间。在港口与城市，城市与临港产业间设置适当的缓冲区，根据港口和城市不同发展阶段的需求，由港口和城市协商利用，为港口持续发展以及城市形成与港口生产相关的高端配套服务提供发展空间。港城交互融合空间布局示意图见图 1-9。

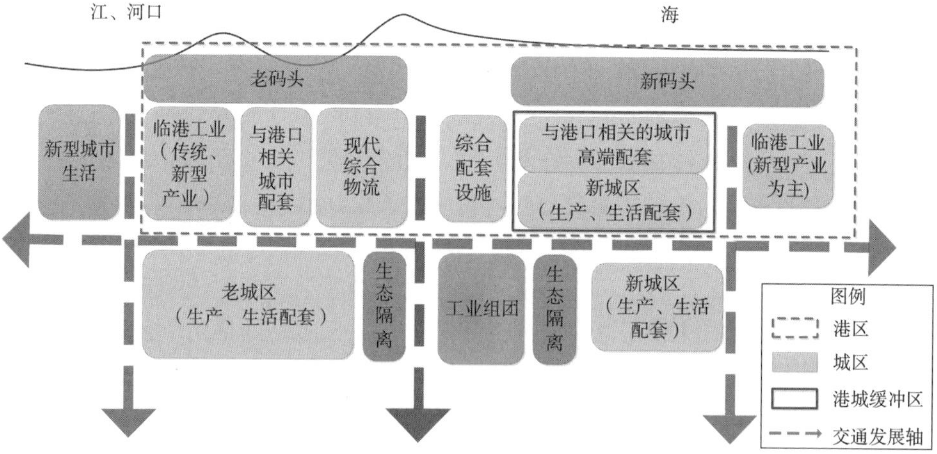

图 1-9　港城交互融合空间布局示意图

第二章 国内外港城发展经验

第一节 港城空间发展经验

一、美国西北海港联盟港城空间分析

西雅图港与其南侧的塔科马港构成了美国西海岸重要的西北海港联盟。虽然所属两港，但西雅图和塔科马作为一个门户连接了美国与世界。西雅图和塔科马以其优越的港口和便捷的铁路条件，成为美国重要的集装箱港口，也是美国新型港口的典型代表。

随着2006年"西雅图—塔科马快速运输战略通道工程"的建设完成，西雅图和塔科马的联盟作用不断加强，同时两港的集装箱运输快速发展。"西雅图—塔科马快速运输战略通道工程"是一系列公路、铁路和快速通道形成的立体交叉工程，通过对不同的交通模式进行相互隔离，可以使进出西雅图和塔科马港口的汽车和火车全部畅通无阻，从而达到安全、快速和高效的目标。建设如此宏大的港口和交通工程，同时能够处理好港口与城市的关系，与西雅图和塔科马的城市和港口规划对于空间和土地的科学利用密不可分。可以说，西雅图和塔科马的港城空间关系是典型的港城交互融合的形态，真正实现了港城布局的"空间分离，功能融合"。

（一）西雅图港城空间分析

1. 港城整体空间布局

西雅图港城空间布局呈现自西向东沿海岸垂直布置城市—港口及临港工业—城市的形态。城市西部为较为分散的城市居住和生活区，通过绿色隔离带将其和中部港口及工业区进行隔离。中部为港口及临港工业区，沿海岸布置码头生产作业区，其后方沿南北向集疏运通道布置连续集中的工业区。北部为城市商业核心

区和高密度居住区，并在沿海设置邮轮及客运码头区，与其南侧的集装箱码头岸线相连接，并在陆上城市与港口的衔接区域设混合区进行过度。东部为较为分散的城市居住和生活区，通过高速公路与其西侧的港口及临港工业区隔离。

通过设置绿色隔离带和高速公路隔离带，西雅图港城布局实现了空间分离，通过设置特殊混合区，其港城也达到了功能的融合。

2. 港城交接面布置

港城矛盾的突出区域多集中在交接面，西雅图从港口和城市规划的角度，通过科学制定特殊区域的空间布局方案，充分满足了港口和城市的发展诉求，其理念主要体现在以下几个方面：

(1)在城市与港口连接的海岸线，布置了"城市港湾区"(Downtown Harborfront)。主要发展邮轮、客运和滚装运输，并作为城市岸线与港口集装箱生产岸线的过渡，满足城市对港口的客运需求。同时，该区域也创造了滨海城市独特的景观，并为城市商业区带来游客，成为商业发展的重要依托。

(2)在城市与港口连接的陆上区域，布置了"城市混合区(Downtown Mixed)""先锋广场混合区(Pioneer Square Mixed)"和"工业缓冲区(Industrial Buffer)"。"先锋广场混合区"为西雅图艺术集聚区，作为西雅图城市崛起的起点，该区域多为古老建筑，相对于繁华的商业核心区，该区域城市交通和居住密度相对较小，多是服务与短暂停留的游客。"城市混合区"布置了例如定期开展公共活动的体育场等公共设施。"城市混合区"和"先锋广场混合区"均对港口的景观和噪声影响要求较低，通过设置专业的立交公路也可以较好地解决交通矛盾。城市通过主动优化布局与港口矛盾较小的功能区，对于解决港城矛盾能够起到非常好的效果。

(3)在港口必须穿越城市的区域，通过采用隧道的方式。这种布置方式不仅可以尽量减少港口货运与城市生活相互产生的很多不利影响，而且增加了城市用地面积。

(二)西雅图港区相关政策

西雅图在解决港城矛盾上，基于科学的港城一体空间布局规划，针对特殊区域配套相应空间发展政策，在港城和谐发展的同时也保障了港口发展的核心利益。

1. 土地政策

(1)保护集装箱运输活动所需的用地空间，特别保护毗邻铁路和水路交通设施的工业用地，以及支撑临港工业和铁路相关行业的工业用地。

(2)不断跟踪调查港口生产的陆域面积需求，包括与集装箱运输有关的物流扩建活动，采取措施防止相关土地的流失。

(3)限制港区内零售、住宅等非工业用地,以减少各种用地之间的冲突,防止集装箱码头和配套设施附近的工业用地改作他用。

(4)考虑一般港区边缘的过渡区的价值,在不产生与集装箱运输活动冲突的前提条件下,才允许扩大其使用范围。

2. 集疏运政策

(1)监控、维护和改善通往集装箱港口设施以及周围工业区的重要货运通道、网络和多式联运节点瓶颈以及其他通行限制问题。在港口设施与高速公路之间,以及码头和铁路联运设施之间,提供安全、可靠、高效、直达的通道。同时,港口经营者也必须认识到解决其他运输需求,如行人安全等问题。

(2)规划、设计、建设和运营不同阶段,都应保障港口集疏运公路和铁路的顺利营运,保证货物和服务的便利性。改进措施可以包括但不局限于:改善路面条件、减少通勤出行策略、建立运输管理协会、道路重新渠化减少模态冲突、利用智能交通系统、建设重要连接通道和拥堵铁路道口立交模式等。

(3)遵循城市"货运街道"的分类方法。由于货运对城市基本经济起着的重要作用,货运需要有特殊的公路用地才能支撑这一作用,对于分类为主要货运的街道货运有较大的优先权。街道的改建应符合货运的便利性,但也应兼顾其他运输方式。

(4)与包括西雅图货运咨询董事会在内的受影响的利益相关者一起查明新出现的集装箱货物运输问题。为城市、货运团体、其他受影响社区以及机构等利益相关者之间提供日常的沟通机会。

(5)继续联合城市和港口共同努力实现《集装箱码头通道研究》中相关港口问题的建议。鉴于集装箱码头业务在国家和地区经济中的重要性,应在城市、港口、地区和各州之间建立合作伙伴关系,在项目优先和及时资金给予支持,以改善和维护货运基础设施,并探索融资伙伴关系。

3. 发展政策

(1)鼓励新企业在加工制造或工业中心选址以支持集装箱运输活动。

(2)与其他机构一起处理重大土地利用和交通项目,以避免或减轻施工和营运对集装箱运输活动的影响。

(3)促进和创建工业企业联盟、职业培训等教育机构和公共机构,以帮助培训专业业务人员,并分配到集装箱运输活动相关的工作岗位上。

4. 环境政策

(1)从发展和运营集装箱相关业务的过程中寻求实现经济、社会和环境效益的机会。

(2)与非营利结构、社区、私人和公共利益相关者之间合作建立环境改善目标,包括二氧化碳减排和风暴潮管理,重建现有的海洋工业理念,通过实践可持续发展设计理念使鱼和野生动物栖息地的环境得以改善。制定相关机制和制度以实现以上目标,包括筹资机制和立法支持等。

(3)与非营利性机构、社区、私人和公共利益相关者一起建设开放的港口公共空间,制定海岸线通道和生动物栖息地的改善等规划。

5. 工业缓冲区

在工业区和相邻的住宅或步行商业区之间设置一个适宜的过渡区。允许在工业缓冲区内广泛开展各种加工制造以及相关的工业和商业活动,与此同时,宜与临近开发强度相对较低区域的开发活动和特性相协调。包括开发标准、性能标准以保护邻近地区的宜居性。这些标准仅适用于现状,不能将工业活动与开发强度低的地区进行隔离。

工业区缓冲区边缘采用特殊的规定以保证视觉的兼容性以及工业区和开发强度较低的比邻区域之间的空间转换过渡。如果街道依据宽度、交通、噪声和地形提供了足够的隔离,上述高度限制则不适用。工业区缓冲区坐落在单个家庭或低层多户住宅区,宜应用较低的高度限制。

(三)塔科马港城空间分析

塔科马是美国华盛顿州普吉特海湾南端的一个港口城市、海陆空交通要地、农林产品集散地和加工中心,有"美国木材业首都"之称,主要工业有木材加工、机器制造、食品加工以及有色金属冶炼、造船等。塔科马港城空间整体沿海岸自西向东也是城市—港口—城市的布局形态,其后方陆域由两条垂直海岸布置的临港工业带将城市分为三个部分,港口集疏运主通道基本沿两个工业带延伸到后方腹地。港口和工业区与城市生活和居住区通过混合用地进行过渡。特别是在港口西部与城市间的混合用地和水系设置游艇区,充分体现了港城的功能融合。

二、大连港城空间分析

(一)大连城市空间发展历程

大连城市空间拓展主要经历了四个时期的发展阶段,分别是沙俄租借时期(1898—1904年)、日本占领时期(1905—1945年)、新中国成立后至改革开放前(1949—1978年)和改革开放时期至今,各时期大连市的空间拓展都具有鲜明的历史印记。

1. 沙俄租借时期(1898—1904年)

1898年沙俄租借旅顺、大连,并规划将大连城市划分为:行政区、欧罗巴区以及“中国区”。至1904年,仅仅经过6年时间,大连已从原来的小渔村发展成为占地4km^2,拥有4万多人口、基础设施比较先进的港口城市。

2. 日本占领时期(1905—1945年)

港口海运和外贸的发展,促进了大连城市和工业的发展。在这一阶段城市的经济活动主要以临港工业为主。这一时期的港口建设主要分了3个时期:①1908—1928年主要恢复和新建沙俄时期的港口规划设施;②1928—1934年主要新建扩建甘井子煤码头;③1939年—1945年实施西部扩张计划。其中两次较大的规划建设为1919年的市街扩张规划和1939年的大连港西部扩张方案。

(1)1919年大连市街扩张规划。

1905年后,由于工业和贸易的快速发展,人口增长很快,到1919年已经突破10万人,原小规模城市规划方案已经无法适应人口急速增加的需求,因此制定了1919年的市街扩张规划。1919年市街扩张规划的重大特征是引入了功能分区规划概念,规划中将土地使用性质分为住宅地区、商业地区、工厂地区、混合地区4种类别加以合理安排。

这一阶段城市规划的实施效果体现为东部的道路网基本形成;南山脚下的住宅区,以中山广场为核心的商业地区也基本上按照规划得以实施;西部和南部的住宅地区、西部的工业区和北部的工业区已初具规模;道路网的基本格局也已定形。可以说在这一时期通过规划指导下的城市建设已经形成了大连城市的基本雏形,对今后的大连城市规划和建设有着深远的影响。

(2)1934年大连都市规划。

截至1930年底,大连市区的人口已从1919年的10.8万人突破到1930年的28.2万人。在这种形势下,1919年的市街扩张规划已经无法满足城市发展的需求,因此1930年开始了新规划的编制工作。这次工作确定大连都市规划区域为:以青泥洼桥为中心,以16km为半径,其范围内的大连市、老虎滩会、岭前会、西山会、岔沟会、小平岛会、栾家屯会、周水子会、海猫屯会、革镇堡会、南关岭会、大连湾会共1市11会为城市规划区域,其范围也与大连民政署的管辖范围一致。面积共516km^2,其中城市可建用地195km^2,约占区域内陆地面积的47%。未来交通设施发展到一定程度后从区域边缘到市中心大约需要50min ~ 1h的时间,从时间上看,也是一个城市规划区域的适当规模。

在1904—1945年这40年时间里，大连的城市人口从1.8万增长到70万，平均每年增长1.7万；城市用地从4.25km^2增长到45.7km^2，平均每年增长1.01km^2，充分显示了持续、强劲的“急速膨胀”势头。这期间的城市规划和建设因此始终处于被动招架的状态，缺乏城市总体规划所应当具备的整体概念，有关总体布局的协调、基础设施的配套等方面的内容涉及较少。

3.新中国成立后至改革开放前(1949—1978年)

经过三年国民经济恢复和第一个五年计划建设，新中国的经济形势日新月异。从1957年起，大连市开始了新城市规划的编制，并于1958年完成，这是新中国成立以来第一部大连市城市总体规划。规划确定大连是以机械、化工为中心的工业城市，今后要发展冶炼工业，除原有各工业地区加以整顿改进外，新辟多个工业区，并在规划区外开辟多处卫星工业基地。此后，大连湾区域已经成为了大连中心城区。

4.改革开放时期至今

1978年3月，国务院召开了全国第三次城市工作会议。为加强规划队伍，8月16日成立了旅大市规划设计院，并开始组织编制大连城市总体规划。

(1)1980年大连市总体规划。

规划确定了期限和范围：以1985年为近期，1990年为中期，2000年为远期。规划的重点是大连四区。在城市的指导下发展28个城镇。单独编制旅顺口区总体规划。城市性质综合考虑大连的历史、现实与未来，确立城市性质为“港口、工业、旅游城市”。

(2)1990年大连市总体规划。

1987年，大连市金县划为大连市区，扩大了城市规模，使得一系列经济技术指标也发生了相应变化。城市的结构模式、功能都需要进行重新调整。特别是到1989年底，城市人口规模已超前11年达到了1980年规划中2000年的规划指标，人口规模的突破，带来了城市各项建设的比例失调，对城市的开放环境影响很大。因此，在1989年初，开始调整大连市城市总体规划。

规划范围是大连市行政所辖的六区(中山区、西岗区、沙河口区、甘井子区、旅顺口区、金州区)、一市(瓦房店市)、三县(新金县、庄河县、长海县)区域。这次规划明确了大连市、大连城市规划区、大连城市、大连城市中心区、大连新市区等概念。即：大连市，指大连行政区所辖12573.85km^2的全部范围；大连城市规划区，指旅顺口、中山、西岗、沙河口、甘井子、金州等六区所辖2414.96km^2的全部范围；大连城市，指城市规划区内各城区的总范围；大连城市中心区，指大连城市中中山、西岗、沙河口三个区及甘井子区的城区部分；大连新市区，指经济技术开发区、大窑湾港区、湾里、董家沟及大孤山半岛一带城市发展区域。

(3)2009 年大连市总体规划。

2009 年,为适应大连市城市发展新要求,落实国家建设东北亚国际航运中心、东北亚国际物流中心和区域性金融中心的目标,强化大连市在辽宁沿海经济带的核心地位和龙头作用,大连开始启动编制《大连市城市总体规划(2009—2020)》。

大连港城分阶段城市规划汇总表如表 2-1 所示。

(二)大连港口空间发展历程

大连商港始建于 1899 年,1905 年日俄战争后,日本人先后修建了大港、甘井子、寺儿沟、香炉礁等 4 处码头,1951 年 1 月 1 日,大连商港由苏联红军移交我国管理。1972 年以前,我国国民经济经过恢复、调整后逐步转入自力更生的发展阶段,海上运输以内贸物资为主,恢复和改造成为港口发展的重点;1972 年我国恢复联合国合法席位以后,对外贸易迅速扩大,为满足东北地区石油资源大量开发和外运的需要,在响应周总理“三年改变港口面貌”号召掀起的全国第一次建港高潮中,1976 年大连港在鲇鱼湾建成了我国第一座大型原油出口码头,拉开了大连港大规模发展建设的序幕;改革开放以后,大连港在 20 世纪 80 年代先后重点扩建了香炉礁港区、开辟了和尚岛和大窑湾深水港区,尤其是作为国家重点开发的大型国际深水港区之一,1992 年大窑湾 4 个大型集装箱和通用泊位的投产,标志着大连港的发展开始进入新的历史阶段。2001 年大连港进入我国 7 个亿吨大港的行列。与此同时,随着城市的快速发展,大连湾内港区与城市发展在空间用地、对外交通、自然环境等方面的矛盾越来越突出,2004 年结合城市规划对港区功能布局进行了调整,处于城市中心的寺儿沟、香炉礁等老港区逐步退出货运功能,调整至和尚岛东港区、鲇鱼湾港区和大窑湾港区。随着大连城市“西拓北进”空间发展战略的实施,又开发建设了渤海侧的旅顺新港港区和长兴岛港区。目前,大连港已形成以“一岛三湾”和长兴岛港区为核心,其他港区为补充的港口空间布局。

(三)大连港城互动空间发展历程

大连是随近代俄国占领后的港口开发而兴起的,历史仅 100 多年,其城市发展带有明显的殖民色彩和近代城市设计理念。为了加快掠夺东北的资源,侵略者对大连的港口、铁路及城市基础设施的投入力度很大。因此,1910 年前后,随着城市基础实施建设、特别是东清和南满铁路的建成,大连城市人口和地域范围快速增长,中国北方大港的经济区位优势逐步生成,完成了港城空间发展的初期阶段;但受战争干扰,其发展具有较大波动性。

表 2-1

大连港城分阶段城市规划汇总表

时期	沙俄租借（1898—1904 年）	日本占领（1905—1945 年）		新中国成立后至改革开放前（1949—1978 年）	改革开放时期至今	
规划版本	1898 年	1919 年	1934 年	1958 年	1980 年	1990 年
规划年限	—	—	—	—	近期:1985 年; 中期:1990 年; 远期:2000 年	近期:1995 年; 中期:2000 年; 远期:2020 年
商港政策定位	自由港	工业港	伪满洲国对外贸易窗口和主要通道,1937 年对华战争打响,港口由商业港转为军事港	可停泊载重万吨以上的船舶,远东最大的不冻港之一	港口城市,提出旅游休闲功能港口建设,提升吞吐能力,国家大型进出口港口	专业化国际中转港
港口主要功能	商业型港口,商品集散中心,主要用于进出口货物	临港工业型港口,主要用于临港工业和进出口	临港工业型港口,主要用于临港工业和进出口;军事港口	临港工业型港口（化工、钢铁）,军事港口,水产养殖港口	临港工业型港口（化工、钢铁）,进出口港口	临港工业型港口,进出口港口,旅游休闲港
城市用地规模	约 4.25 km^2	约 15.7 km^2,开始功能分区,分住宅、商业、工业和混合用地	约 45.1 平 km^2	总占地面积约 102 km^2,大跃进思想浓厚	总占地面见约 170 km^2,首次提出了环境保护任务	总占地面见约 490 km^2,多中心发展战略
港区面积	约 1.17 km^2	约 1.17 km^2	不详	不详	不详	不详
港口水上面积	约 3.75 km^2	约 3.75 km^2	不详	不详	不详	不详
人口规模	4 万多	10 万多	36 万多	120 万多	近期 120 万 远期 140 万	近期 200 万 远期 310 万

大连城市第一次空间集聚过程出现在日本占领期间，到 1945 年日本投降时，其建成区已达 45km^2。新中国成立后至“文化大革命”前出现第二次空间集聚过程。而整个 20 世纪 80 年代，属于大连现代港城空间集聚阶段。开发区在大窑湾新港运行前，仍作为“工业飞地”以新增大型工业项目为主，人口集聚功能差，对主城区的牵引作用较弱，城市发展仍集中于中山、西岗、沙河口和甘井子四区，主城区建成区面积急剧扩张，1985 年为 70.8km^2，1989 年则达到 152km^2，人口从 120 万增加至 143.6 万，开发区则主要以港口和工业为主，建成区仅 9.84km^2，人口仅 1.9 万，以流动人口为主。1993 年后，随着大窑湾深水港的运行和保税区建立，新市区成为主城区工业搬迁和城市疏散的主牵引力，建成区面积猛增到 87.84km^2，人口超过 30 万。与此同时，主城区面积接近 220km^2，人口近 170 万，开发区的城市化速度超过主城区，这一时期大连港口与城市发展进入港口外迁至城市裂变阶段。2005 年随着长兴岛临港工业园区的开发，大型临港工业加速向北部临港地带转移，并带动了登沙河、三十里堡、松木岛、皮口等一批地方中小型临港卫星城崛起，大连港城空间关系在深化港口外迁和城市裂变的同时，专业化港群与城市组团的网络化形态逐步形成，但由于工业集聚和人口激增，临港岸线开发过快、临港工业过度集中和城市组团间分工不明确等问题逐渐暴露出来，港城网络的发育仍处于初级水平，双向联系和功能互动尚未形成。

大连港城空间关系发展的百年历史证明，港口发展是海港城市成长的动力源，港口空间拓展通过塑造对外交通轴线推动临港产业地域成长和城市空间格局再造。大连城市发展正是以港口建设为先导，以城市港口网络为纽带，来规范相关产业的结构与布局，驱动和保证其他相关产业发展和运行，从而在整个城市的要素、产业和功能等不同空间实现优化配置。

大连港城分阶段空间拓展汇总表见表 2-2。

（四）大连港城空间矛盾分析

大连港的发展具有鲜明的历史进程，特别是大连大港港区和大窑湾港区的港城空间发展历程在我国沿海港口城市空间发展具有代表性。分析大连港城矛盾应以还原不同历史背景为前提，通过结合不同时期港口运输功能和空间布局方案，运用港城空间发展规律，揭示大连港城矛盾的产生原因。

大连港城分阶段空间拓展汇总表 表 2-2

时期	港口发展	临港产业地域扩展	城市空间演变
1898—1904 年	东青泥洼海岸	港口配属区(铁路、工场及船坞等)	建成区 6.5km^2,连同东清铁路,殖民色彩浓厚
1905—1945 年	改扩建原有港区,开发新港和临港工厂	临港仓储、满铁沙河口工厂及其东南部工业区、寺儿沟工业区	建成区 45.7km^2,伪满对外贸易窗口和主通道,工贸有长足发展,殖民色彩浓厚
1949—1978 年	开发香炉礁港,出现临港工业及专用码头	以造船、化工、机械为主,沿大连湾大型工业区逐步向北、西扩展	建成区逐渐超过 100km^2,以工业为主,临港工业地带周边形成大片工人聚集区
1980—1993 年	沿大连湾岸线由南向北形成港口码头区	大片临港工业紧邻港区,外围是加工工业地带,在郊区形成仓储区	主城区空间膨胀,北进西拓,建成区达 200km^2,开发区显现一定规模,但疏解作用很小
1993—2005 年	建设大窑湾新港,形成多个专业组合港口群,一批中小港口及临港工业园区形成	老港区突出客运、旅游和商贸功能,以大窑湾国际物流港为依托,出口加工区、保税区融合发展,形成多个临港工业组团	主城区近 240km^2,开发区产业、人口集聚功能增强,对主城区疏解作用大增;快速交通系统推动中心城区与新市区、卫星城联系加强;初步形成强核、多组团的城市空间形态
2005 至今	长兴岛大型深水港区开发,国际航运中心组合港群整合发展态势	以长兴岛大型临港工业园区为主,多个重点临港产业园区在沿黄渤两海岸线形成网状发展格局,港口与产业园区融合推动产业空间拓展	港口和工业区北移,主城区提升第三产业、居住和综合服务功能,主城区和新市区及各功能区的分工与联系不断强化,临港工业区与卫星城、重点城镇

1. 大港港区

大港港区与后方城市空间发展具有明显的殖民色彩。大连老港以其天然深水和不冻港的优势,被列强觊觎已久,港口配套铁路后更是满足了殖民者掠夺我国东北资源的野心。同时,港口运输装卸功能的快速发展也吸引了城市的集聚,港口周边逐渐发展成为城市的核心区。港口本身是位于城市中心区的一个商品物资的集散地,城区和港区浑然一体,无论从经济上或是从地域上都难以明显分离。大港港区所在的大连湾港城空间布局示意图见图 2-1。

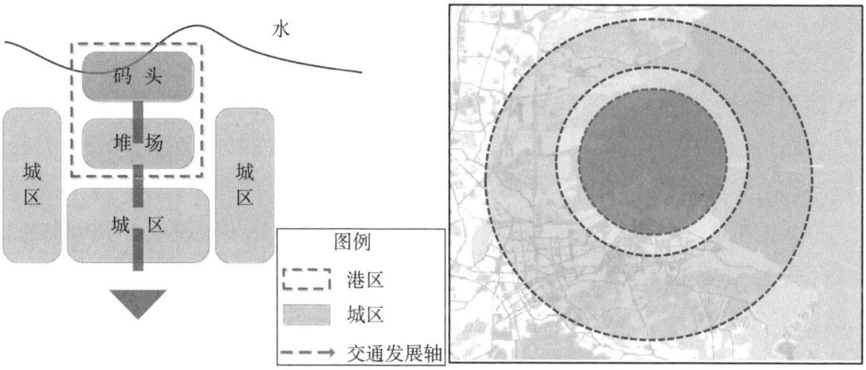

图 2-1 大连湾港城空间布局示意图

港口发展的初期,港口作为城市的重要组成部分内嵌于城市。从沙俄和日本时期城市规划和发展的实际中可以得到,港口与城市是统一规划和发展的。由于当时的港口功能较为单一,仅是货物的集散中心和船舶靠离的场所,港口和铁路、汽车站均属于城市的分支部门,并非相对独立的产业功能区。

综上,大连老港与后方城市核心矛盾的发生是历史的必然。一方面,沙俄和日本在规划大连老港和后方城市时,仅以便捷出运腹地货物为出发点,港口作为城市的一个简单的运输部门,是货物的水陆交接的集散中心;另一方面,随着经济全球化和船舶大型化的迅速发展,大连老港无论是已建成的港口设施等级,还是当时规划预留的后方发展空间,都已不能适应世界海运的发展要求。与其继续加深港口与城市的矛盾,不如将大连老港进行适当的调整,以顺应城市发展对港口更高的功能诉求。

中国香港与大连的港口有着相似的命运,其港口的发展也是由于殖民掠夺和开发资源而形成的,港城矛盾同样非常严重。但香港基于成熟的集装箱运输,大力拓展高端航运服务领域的发展,在此过程中不断兼顾港口和城市功能发展需求,不断调整港口和城市的配合,在被动形成的港城空间格局基础上寻求港城利益的最大化。大连大港港区未来的发展思路可以借鉴香港的成果经验。

目前,大连港大港港区基本将主要货运功能腾退,仅保留客滚、邮轮游艇和港作拖轮等客运和支持系统功能,对港口后方仓库也进行了城市休闲旅游功能的改造。大连港对大港港区所做的努力可以看作是在促进港城和谐发展和重塑港城融合的积极尝试和探索。

2. 大窑湾港区

随着大窑湾深水港区的运行和保税区的建立,大连开发区成为主城区工业搬迁和城市疏散的主牵引力,此时的大窑湾港区是处在港口和城市快速发展的时期。大窑湾作为大连港最主要的集装箱港区,其承担了大部分东北外贸集装箱进出口运输的任务,同时依托临港和后方商品汽车产业的发展,具有较为规模化的商品汽车滚装配套专业码头。在经济全球化的背景下,大连及东北腹地的外向型经济不断加强,大窑湾港口和后方城市用地迅速膨胀。港口主要空间拓展局限在大窑湾内岸线及其后方一定范围内的陆域,港口后方设置了典型的保税物流园区、保税区和出口加工等海关特殊监管区;大孤山、老座山、东山和小窑湾构成了港口与后方城市之间的生态隔离带,大连经济技术开发区迅速包围港口,将整个大窑湾港区环抱起来。

按照港城空间发展规律,大窑湾港口和城市的空间布局属于典型的港城相对分离形态,这种布局形态的形成具有明显的历史推演的痕迹,也是大多数港城矛盾不断激化的最终产物。港口不断沿海岸开发新码头设施,并在其后方建立物流和临港工业区;城市一方面受惠于港口发展带来的经济和就业的增长,紧邻港口建立新城区,另一方面由于港口的对于城市生活的干扰,又希望在港口与城市间建立生态隔离带。港城看似“分离”的发展其实为港城矛盾的激化埋下了隐患,港口对外的集疏运都需要穿越后方城区加急港口对城市的干扰,由于设立了横向的生态隔离带,港口的发展空间被城市所束缚,港口失去了持续的发展空间。同时,隔离带也阻断了后方城区逐渐向海岸线方向的发展,使城市无法形成与港口生产相关的高端配套服务,失去了城市与港口融合发展、相互促进的机会。大窑湾港城空间布局示意图见图 2-2。

综上,大窑湾港区港城矛盾的根本原因在于港城空间分离的布局形态。该种形态虽然能够在港口和城市的发展初期和中期阶段性适应发展需求,但是从港口和城市长远发展的角度,无法兼顾港口和城市空间和功能提升的长远需求。目前,港口管理部门在修订港口规划后,已经认识到港口空间受到城市挤压的问题,严格控制港界范围,同时与大连经济技术开发区积极协调空间利用问题,设立港口专用集疏运高速公路,缓解港口与城市间的交通矛盾。

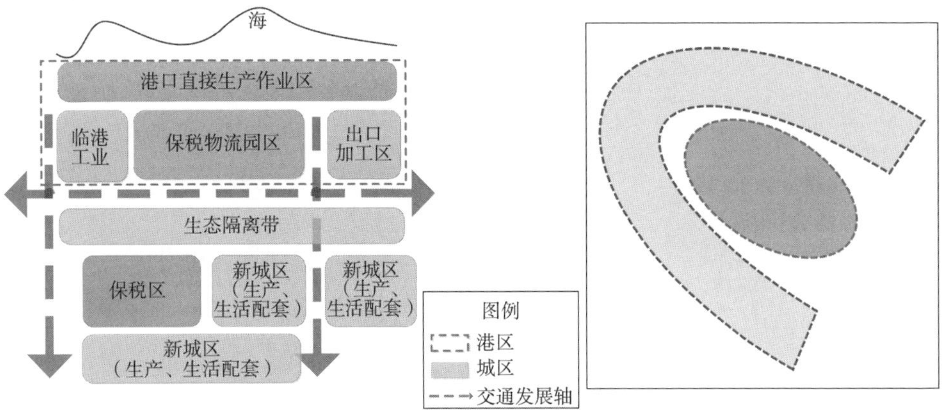

图 2-2　大窑湾港城空间布局示意图

三、日照港城空间分析

日照港为我国鲁南最大的港口，北有青岛港、南有连云港港。它始建于 1979 年，1981 年建成了第一座 5000 吨级散货泊位。从此，日照港拉开了大发展的序幕，港口后方昔日的小渔村也逐渐发展成为 150 万人口的大型沿海城市。

日照市是我国沿海最为典型的“以港兴城”案例，伴随着港口的两次突发式的发展，其城市的发展也完成了两次飞跃。第一次大发展正是由于“石臼港”（日照港原称，现在作为日照港石臼港区）的开发，1989 年促使日照县升格为地级市，20 世纪 90 年代初日照市的城镇人口由 10 万左右迅速增加到了 60 万；第二次大发展是 2005 年日照港岚山港区的开发，日照市的城镇人口迅速增加到了 100 万，并且在 2011 年后，伴随着岚山的港区快速发展，日照市也跨入了 150 万人的大型城市的行列。日照港口和城市的发展充分印证了对于新兴的港口城市来说，港口是城市发展的“发动机”。从另一个角度，日照市城镇人口从 10 多万增长到 150 多万，未来随着日照港口和城市的发展，其人口规模还会不断扩大，也说明了城市具有无限扩张的特点，日照市城镇人口和港口通过能力增长趋势图见图 2-3。

根据《日照市城市总体规划（2006—2020）》，日照市分为南北两个城区，都是依托日照两个大型港区设立。北部的石臼港区和日照主城区，以及南部的岚山港区和日照市的岚山区。从城市和港口的空间布局分析，两个片区都是沿海岸垂直布局的总体形态，北部片区日照主城区位于石臼港区的北侧，港口后方设置规模化的临港产业区，港区和临港工业区与北侧的主城区通过集疏运铁路和公路相隔离，并且设置了适当的生态区作为缓冲，城市也享有一定的旅游和生活岸线。南部片区的岚山港区和城市岚山区呈现北港南城的空间布局形态，港口后方规划了大片的临港产业用地和物流用地，一直延伸到后方集疏运主通道，南侧的岚山城区通过山体等生态隔离带与北侧港口相分离。日照港城空间布局形态符合港城交互融合的布局理念。

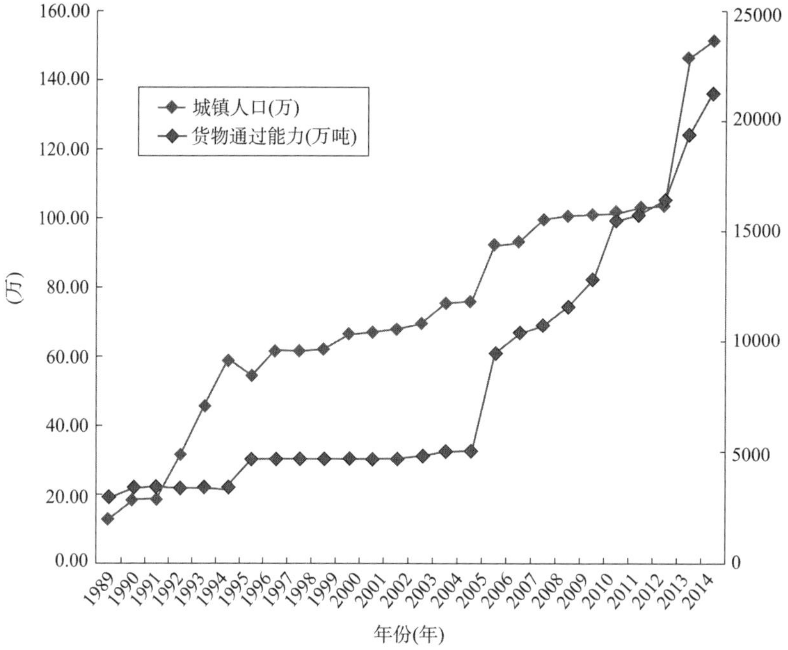

图 2-3　日照市城镇人口和港口通过能力增长趋势图

第二节　港口集疏运发展经验

从降低物流成本、缓解港城矛盾、降低污染等角度，铁路集疏运方式将发挥越来越重要的作用。欧美国家很多港口海铁联运已成规模，采用双层电气化铁路提升铁路运能，同时建设多条铁路支线以增加覆盖范围、提高效率。下面以瑞典哥德堡港和美国洛杉矶港为例介绍港口集疏运发展经验。

一、瑞典哥德堡港海铁联运

1. 发展背景

因为公路运输对环境产生了严重的影响并缺乏直接解决的技术方案，选择低污染、可持续的运输方式代替公路运输成为重要手段。到 2000 年前，瑞典多式联运市场规模已经相当稳定，在斯堪的纳维亚港口铁路穿梭巴士系统运行后，多式联运规模开始增长。

2. 多式联运发展情况

2000 年以后，瑞典内陆港和相关的斯堪的纳维亚铁路穿梭巴士系统的发展举世瞩目。这个系统的核心由哥德堡港、26 条铁路穿梭巴士、23 个目的地和内陆港组成，由 11 个不同的铁路运营商运营。每条穿梭巴士线路在同一方向每周至少 3 班，最高频率如服务位于埃斯基尔斯蒂纳的零售中心仓库可达到每周 14 班。大多数穿梭巴士服务内陆港的距离在 200km 以上。然而，服务短程运输的穿梭巴士正在增长（传统上是由公路承担），最小的穿梭巴士的运输距离距哥德堡市为 10km。

2009 年穿梭巴士和内陆港系统处理约 36 万 TEU 集装箱，成交量约为 6000 万欧元/年。集装箱铁路巴士系统处理了哥德堡港口约 40% 的集装箱量。哥德堡港铁路巴士系统增加了 400 个就业岗位。与直接采用公路运输相比，降低了 10% 的运输成本，减少了 51000t CO_2 的排放。多式联运系统取得的成就超过了预期和目标，并快速获得了市场份额。

二、美国洛杉矶港海铁联运

1. 发展背景

洛杉矶地区有 4 条铁路支线接入洛杉矶港和长滩港，这 4 条单线铁路总长约 144.84km，都位于洛杉矶市中心区与港口之间。铁路线与城市地面道路形成了 200 多个平面交叉口，洛杉矶疏港铁路效率长期处于低下水平。

2. 疏港铁路方案

为提高货物运输速度、减少列车在平交道口延迟，4 条单线铁路的运量被整合到一条连接港口和铁路大型编组站的线路上。经过不断的优化，逐渐形成了包括全立交的地下/高架多线铁路、两侧公路等的综合交通通道，其主体疏港铁路被称作“Alameda 铁路货物快线”。铁路采用双线铺轨，设计能力近期可达到每天 70 对双层集装箱货运列车，预计年运量达 1270 万 TEU，可大幅提高铁路集疏运比重。

3. 实施效果

Alameda 铁路货物快线的开通使得往返于港区或铁路编组站之间的列车运行速度提高了 1 ~2 倍，运行时间大幅缩短。至 2007 年，开行的列车数量也增加了 44% 。2014 年洛杉矶集装箱吞吐量 830 万 TEU。铁路集疏运量约 360 万 TEU。Alameda 铁路货物快线还产生了一系列环境、经济与社会效益。项目消除了 200 多个平交道口,将有关的交通延迟损失降低了90%。港口集卡运输量减少了23%,降低了30%的有害及温室气体排放。

第三节 生态港口发展经验

一、国外生态港口发展经验

近年来,欧美发达国家港口从应对全球海平面上升、温室效应等环境气候问题出发,逐步开始生态港口相关理念的研究和实践,港口重点发展理念已从传统码头功能布局转变为区域内港口生产与生态环境协调发展。目前,该理念已在不来梅港、勒哈弗尔港、马赛港与长滩-洛杉矶港等港中得到实施。

(一)不来梅港

不来梅港在绿色港口建设方面位于世界领先地位。为响应温室效应、海平面上涨和冻土消失等全球性环境问题,不来梅港基于发展现状,从经济与生态的全局角度出发,以资源节约化利用为导向,将生态环境保护作为未来港口发展的重要任务。

1. 生态环境保护主要发展目标

(1)将港口岸线生态保护作为未来不来梅港发展的前提条件。

(2)针对码头建设工程可能带来的自然生态环境损失,必须制定相应的生态恢复指导规划以及相应的实施标准;对于关键生态要素,一旦破坏,必须采取全面生态补偿措施,并随时跟踪生态补偿地的发展状况。

(3)降低港口运营与建设期污染排放,对气体与水体排放设置上限标准,对噪声与光污染设置严格的管理标准,实施相应的防护措施。

(4)将港口辐射范围内的经济行为(海运物流、码头装卸、航运组织、货物集疏运等)全程绿色化作为港口发展的重要准则。

(5)加大循环经济的开发力度,确保太阳能、风能等清洁能源重复使用。

(6)加强内河集疏运、铁路等低排放方式在集疏运中的货运比例。

由于坐落于威悉河口,生态环境敏感,建港条件复杂,因此不来梅港十分重视港口选址建设对区域局部环境的影响。在大规模开发港区之前,不来梅港在区域总体环境中主动识别了 Nature 2000 重要关键生态要素(动植物主要栖息地、食物链各重要节点、潮汐通道、湿地保护区等),提出了港口规划应注重保护的自然保护区与景观生态点,确立了港口与生态自然系统和谐共处的发展环境。

2. 生态补偿措施

由于新港区开发建设造成了生态环境关键要素的重大损失，包括微生物、动植物在内的各食物链环节受到了广泛影响，极大地动摇了威悉河的生态环境基础，因此不来梅港采取了庞大的生态补偿措施，制定了 Luneplate 生态补偿规划，于威悉河边建设了相关区域进行自然站点生态替代。不来梅港生态补偿区域图见图 2-4。

图 2-4 不来梅港生态补偿区域图

经区域生态环境分析，不来梅港针对区域生态链敏感性要素主要规划 5 个补偿区域，生态补偿规划图见图 2-5。其中：

(1) A 区域规划为草地区域，面积约 2.9km²，原用于耕种和放牧土地，现主要规划为植物生长与动物栖息区域；

(2) B 区域为潮汐湿地，面积约 2.2km²，其中设有较为复杂的潮汐通道，布有芦苇等相关植物，主要为濒临灭绝的动、植物创建合适的栖息场所；

(3) C 区域为防波堤，建设宽度约 35m 的防洪挡潮堤，河水通过 2 个 13m 宽的闸室进入潮汐湿地，为保护湿地浮游生物及动、植物生存环境，闸门在极端高潮位和风暴潮期间关闭；

(4) D 区域为潮汐泵站，主要调节区域内的水位情况；

(5) E 区域为老威悉河，面积约 1.4km²，规划在此设计池塘、树木和灌木、芦苇和草地等不同结构的动植物栖息地。

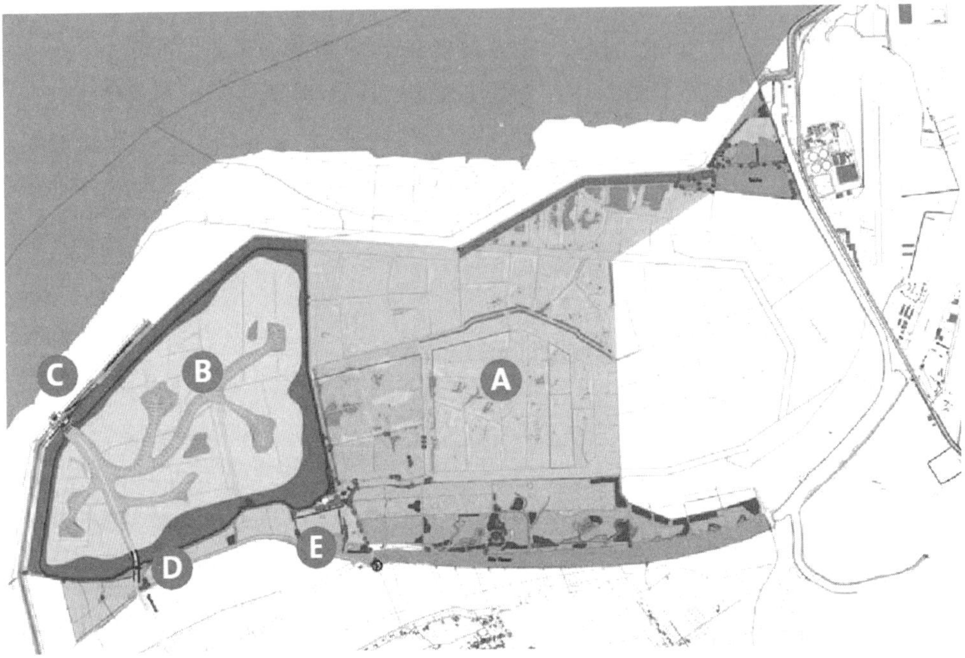

图 2-5　不来梅港生态补偿规划图

不来梅港在港口发展轨迹中将生态因素与经济功能相融合，构造了一个适应于区域环境的顶层发展框架，提出了基于现实状况与未来趋势的港口发展目标，在绿色港口、生态环境建设、循环经济方面实践得到了国际认可。

（二）勒哈弗尔港

勒哈弗尔港位于塞纳河口，是法国最大的集装箱港口和能源运输港口之一。港区生态要素复杂，自然环境地位重要，因此，勒哈弗尔港在强化港口中心地位的同时，也极为重视生态港口发展。在港口的发展历程中，勒哈弗尔港建立起了完善的生态港口发展原则。

1. 生态港口发展原则

（1）在港口工程立项时，应首要考虑生态要素完整性，综合分析港口工程置入生态环境下的耦合度。

（2）提前预估并尽量减小工程对自然环境造成的生态损失。对于每一个生态损失务必采取一定的生态补偿措施并进行生态评估，确保生态系统结构稳定性、功能完整性未受影响甚至得到强化。

（3）工程建设过程中尽量采用循环措施，如施工材料循环使用等。

(4)提前预估工程年限,分期实施工程建设,给自然环境预留足够的时间与空间,使之适应港口工程建设以及生态修复后的新环境。

以勒哈弗尔港2001年集装箱码头扩建工程为例,截止到2006年,该码头扩建工程带来的生态环境研究费用总计4600万欧元,生态环境工程费用(生态补偿、生态改造等)总计2.18亿欧元。

2. 生态补偿措施

由于该工程涉及塞纳河口众多生态要素的改变,因此,勒哈弗尔港在生态环境工程中重点考虑了其结构稳定性以及功能上的相关补偿措施:

(1)通过分析工程对自然环境的破坏程度,在港口平面布局上重点打造了港口与自然环境的生态联系桥梁,包括塞纳河道、生态防波堤、海滩以及鸟类岛屿等。

(2)提前预估工程实施时间,为塞纳河口生态系统提供足够的生态适应时间。

(3)在分期实施过程中,循环使用自然环境相关物质,如航道疏浚土用于鸟类岛屿建设等。

(4)通过对包括生态食物链在内的生态系统深入调查,确定了生态补偿的重点工程措施,包括:

①泥滩恢复。通过建设堤坝来调节潮汐,以此形成潮间带通道,缓解因潮汐和泥沙运动而导致的河口下移。

②建立人工鸟类栖息地。为弥补因工程破坏的原鸟类栖息地,目前已在塞纳河口处建造一个人造鸟类栖息岛屿,未来总计将建造3个人工生态补偿岛屿。

③创建0.7km^2的自然保护区。由于港口集疏运体系占用区域涵盖大量动植物栖息地,因此勒哈弗尔港将该区域大部分动植物均迁移至规划新区域,并将该区域划分为自然保护区。

④加强区域环境质量管控和生态跟踪调查。借助研究机构、环保组织、当地渔民等相关机构和个人,收集有关生态经济方面数据,从而后续评估港口扩建工程对生态资源的短期和长期影响。

勒哈弗尔港在港口建设中将生态环境与港口功能相结合,制定了生态港口发展原则,重点考虑了各项工程在生态环境中的耦合程度,在生态理念应用、补偿措施实施等方面得到了欧盟的高度认可,被纳入了"Building with Nature"成功案例之中。

(三)马赛港与长滩-洛杉矶港

欧美等发达国家港口在港口平面布局上对港池内水质问题较为重视。1985

年,美国环境保护署对港池内水质问题做出明确官方定义:港池内水体 4 天之内交换率超过 100%,则水体交换优秀,如 10 天之内交换 100%,则水体交换较好,如 10 天以上,则为一般。

作为欧美著名港口,马赛港与长滩-洛杉矶港不仅考虑港口功能的便捷性,也在平面布局上体现了对于水体交换的重视,主要表现在:

(1)均采用了长防波堤 + 港池布置形式。长防波堤主要防止横浪作用,保证港口泊位的部分泊稳性;为了保证水体交换的质量,长防波堤口门处开口较大,预留了相对较为充足的水域空间;由于长防波堤口门宽度大,顺浪相对较大,港口内部区域布置了挖入式港池予以二次保护。

(2)防波堤内码头布置形式主要分为三种:①顺岸式,该码头所在水域基本为循环水域;②环抱式港池,该港池口门宽度一般较大,保证了较为宽裕的纳潮通道;③狭长型港池,基本预留了双通道以上的水体交换途径。

(3)两港均考虑了与城市的衔接问题。一方面,在港区后方设置了集疏运通道或水域进行了空间隔离,避免了港口与城市的空间直接矛盾,另一方面,在港区周边均设置了游艇码头等具备城市功能的相关设施,满足了城市对海洋的亲水性。

马赛港与长滩-洛杉矶港对包括港池水域水质在内的港口环境保护问题较为重视,在港口平面布局规划中综合考虑了生态、港口、城市等多种因素,取得了较好的发展效果。

二、国内生态港口发展经验

国内以上海港、天津港、厦门港为代表的部分沿海港口把握了欧美先进港口发展新理念——港口发展从单纯以经济为导向转变为经济与环境协调发展,在港口规划中开始逐步探索生态港规划理念。

1. 上海港

上海港是我国沿海主要港口和国际集装箱枢纽港,为配合上海市努力建设环境友好型城市的规划目标,上海港建立了生态港口理论体系(图 2-6),并率先提出了上海生态港口的内涵——为提高港区环境管理层次和生态环境质量,港口发展应将自然与人类和谐共存的理念付诸于港口建设和运营之中,实现排放达标、高效节能、资源整合、清洁生产和环境友好的愿景。

为实现生态港总体建设目标,上海港结合港口发展特点,提出了生态港环境评价指标,如表 2-3 所示。

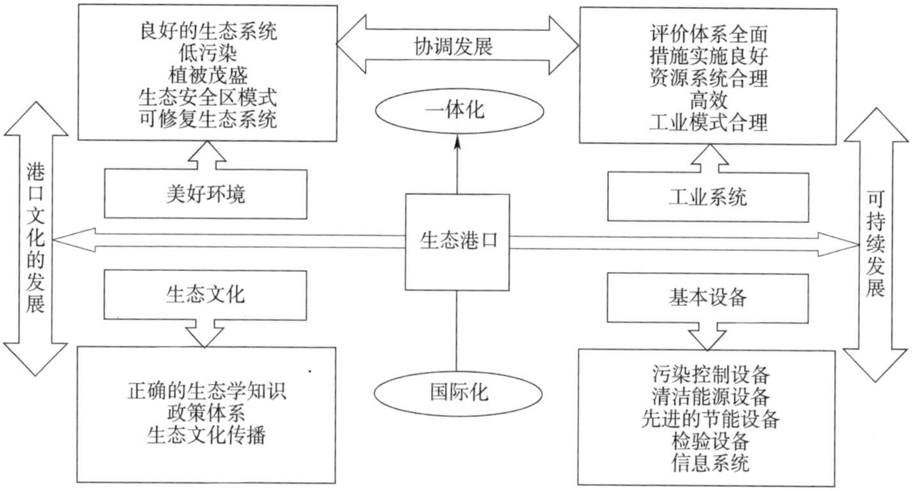

图 2-6　上海港生态港口理论体系

上海港生态环境总体评价　　表 2-3

目标	方针	因素	指标
生态港口总体评价	生态环境	大气/听觉环境	空气污染指数，负离子指数，噪声
		生物资源	绿化覆盖率，人均绿地面积，生物多样性
		基本质量	水质指数，水体营养指数，土壤重金属风险指数
	经济效益	经济增长	人均国内生产总值，国内生产总值（GDP）增长率，货运量增长率
		生产效率	单位 GDP 能耗，单位 GDP 用水量，单位 GDP 用电量，单位吞吐量能耗，单位吞吐量用水量，单位吞吐量用电量，堆场和管道利用效率
		循环经济	用水循环利用率，废物综合利用率，设备及生产工艺的成熟度
	污染控制	污染物排放	单位 GDP 废水生成量，单位 GDP SO_2 排放量，单位 GDP 化学需氧量（COD）排放量，单位 GDP 固体废物生成量，单位吞吐量废水生成量，单位吞吐量 SO_2 排放量，单位吞吐量化学需氧量（COD）排放量，单位吞吐量固体废物生成量

续上表

目标	方针	因素	指标
生态港口总体评价	环境管理	清洁生产	废水排放率,废水回收处理率,大气排放控制率,生活垃圾无害化处理率,有害废物安全处理率,清洁能源使用率
		环境保护投资	环境保护面积,GDP中环境保护份额,环保人员比例,环保设施建设与使用,信息平台成熟度,新建项目环评情况
	社会评价	公众参与	工作人员对生态港口的理解,工作人员及公众对环境的满意率

与此同时,上海港也指出了现阶段生态港的发展目标:

(1)在特定港区进行试点项目(表2-4),建设大型综合现代化港口,提升经济、社会、环境影响以及港口企业的清洁生产水平;

(2)加速建设和升级港口环境保护基础设施,建立港口项目对环境影响的评估机制,增强网络监测,并强化法律法规的实施;

(3)在政府部门和港口企业之间建立交流平台,加强环境保护政策的宣传教育,通过科技创新实现生态港口迅速发展。

上海生态港口试点项目 表2-4

港区	发展定位	港区定位
世博园区	沿河景观岸线	与世博园区功能定位相联系,对黄浦江沿线就工业港区动能进行调整,通过植被生长降低污染,并通过建设休闲行人道和提供水上巴士服务形成特殊的城市沿河生态景观
洋山港区	花园港区	上海国际航运中心的深水枢纽港主要供大型集装箱船舶停靠。其作为为核心远洋班轮提供服务的主要港区,同时还具有产业发展及油气产品运输的功能
罗泾港区	高效环保港区	为当地企业提供服务,同时也作为长江沿线大宗散货中转基地进行服务。此外,其也部分从事杂货运输。将来,其将成长为上海重要的资源、原料基地和大宗散货运输枢纽。其将成为上海主要的煤炭、铁矿石卸货点,并在未来肩负宝钢产品出口的责任

上海港在洋山港区一期工程规划建设中,对生态港口建设理念建设进行了尝试和实践。一方面在规划层面为山体绿地预留了发展空间,考虑了港口功能布局体现与生态山体的包容融合性,另一方面也对建设中破坏的生态环境采取了人工修复与自然恢复相结合的工程手段,还原了洋山港区青山绿水,洋山港区生态绿化恢复基本达到预计效果。为保证洋山附近海域的生物多样性,上海合理安排施工时间,尽量避开了鱼类产卵以及索饵期,一定程度上减缓生态破坏。同时,通过采取大量的人工生态补偿(人工放流多种鱼类以及数吨底栖生物等),在附近海域再造了一个良性生态循环系统,重新恢复了长江口水生生态系统的平衡。

从目前国内生态港建设实践来看,上海生态港建设在理论创新、体制建设、环境评价、绿色循环方面走在了全国前列。

2. 天津港

2009 年,天津港出台了《生态港口建设实施方案》,方案以生态环境、生态文化建设为建设中心,围绕港区平面布局、专业化码头建设、可再生能源应用、环境污染治理等方面对生态港口建设做出了重点探索。

在港区现状和环境污染方面,天津港通过不同码头的分散和集聚,逐步优化港区结构。在散货港区大力推进货场喷淋设施建设、粉尘治理新技术新工艺的引进及研发,推动防风网、筒仓式储存作业、罩棚式存储场地等项目建设,在集装箱港区实施了大规模的绿化建设,使港口总体环境发生了显著变化。

围绕港口岛屿布局开发,天津港做出了有益尝试。为开发填海形成的东疆二港岛,将其打造为北方国际航运中心核心功能区和中国特色自由贸易港区,天津港转变传统开发思路,在依托港口运输功能的同时,重点发展国际航运服务、自由贸易与金融创新、海洋经济示范、滨海休闲与居住服务等职能,力图打造新型港城融合人工岛。

在平面布局上,天津港注重东疆二港岛内水体质量,突破了原规划环抱式港池方案局限,建立起了与外海相连通的潮汐通道,为港城提供了更为和谐的生态水域环境,二港岛规划理念示意图见图 2-7;另一方面,在二港岛绿化问题方面,天津港规划绿地以点、线、面紧密结合,建立起了完善的生态陆地绿化廊道,二港岛绿地景观规划图见图 2-8。

从国内生态港口理念应用来看,天津港将平面布局与生态理念相结合,在发展中不断改善专业化码头功能布局,从过去注重生产性功能发展向生产性与环境改善性并重的方向转变,逐步在生态港口体制建设、生态理念实践方面取得了一定成绩。

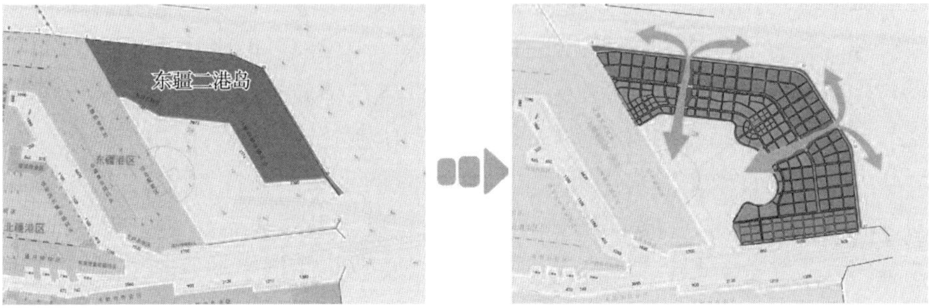

图 2-7　东疆二港岛规划理念示意图

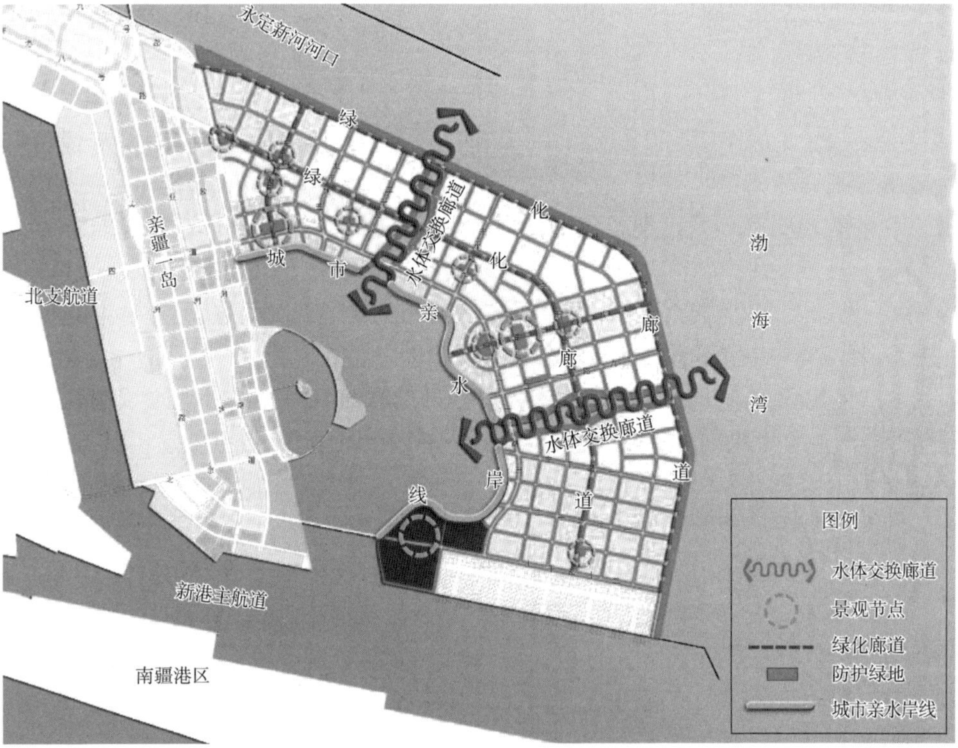

图 2-8　东疆二港岛绿地景观规划

第三章 港城空间布局方法探讨

第一节 布局原则

为保障港口空间发展需求，促进港城融合发展，提出港城空间布局原则如下。

(1)以资源规划利用最大化为原则，充分规划港口和后方城市空间资源，合理确定港口和城市的空间总体规模；

(2)兼顾港口和城市功能需求，促进港城功能融合，突出港口的主体地位，充分考虑港口和城市的各种功能，统筹、合理安排功能区布局，体现“以港兴城、城市反补”的港城互动理念；

(3)统筹近远期发展的关系和要求，制定符合近期起步的空间布局规划，预留足够的港城弹性发展空间；

(4)以发展综合运输型港口和临港产业服务为目标，以规划的港口集疏运通道方案为前提，合理统筹港口和城市相关区域的空间关系；

(5)妥善处理港口和城市空间资源保护与发展的关系，在资源保护的前提下发展，在发展中进一步加强资源保护。

第二节 港城空间布局方法

以太平湾港城概念性规划为例，对临港城市规划方案进行概化，主要包括商务及商业用地、产住混合用地、居住用地、公共配套用地、休闲旅游用地和绿化用地等功能分区。由于港口区域相对城市在空间开发上属于高度组织化发展模式，在已确定的港口规划方案基础上，重点对港口后方临港城市空间布局方案进行研究。遵循港口与城市空间发展规律，借鉴国内外港口与城市空间发展经验，从港城协调发展的角度,探讨港城融合的新型港城空间布局方法。

一、空间布局形态

港城空间布局形态呈现港口沿海岸带布局,临港城市沿海岸纵向平行布局,自南向北依次布局城市生活、产住混合(实现与港口相关的综合物流和高端配套,以及城市产业等功能)、集疏运及生态隔离、休闲旅游四大片区,属于较为典型的港城融合的空间布局形态。

港城融合的新型港城空间布局示意图见图3-1。

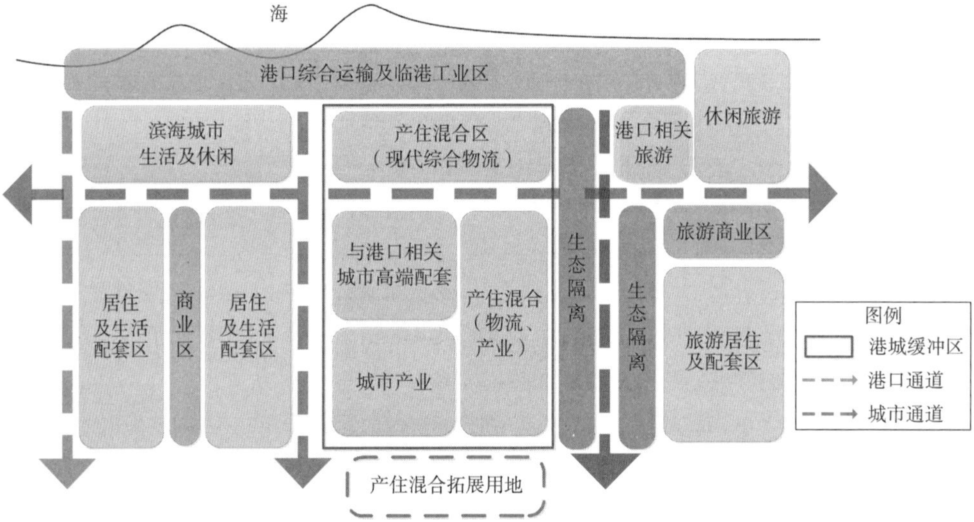

图3-1 港城融合的新型港城空间布局示意图

(1)滨海城市生活及休闲区:在港区南侧临港工业后方设施生态潮间带,结合该区域特点,在滨海公路以西布局滨海城市生活休闲区,主要为临港城市居民提供休闲和娱乐等服务。

(2)商业区:在滨海城市生活休闲区后方布置临港城市主城区的商业核心区,商业核心区位于永宁河、土城河以及两条河间的人工运河两岸。商业区位置的确定主要从居住适宜性和景观优美角度,并借鉴了世界各大城市核心商业区均布置在河流或三角洲附近的成功模式。

(3)居住及生活配套区:在商业区两侧环绕布置居住及生活配套区,作为临港城市主城区的主要区域。

(4)产住混合区:在港口的正后方设置产住混合区,主要为港口提供综合物流和高端配套服务。港口后方紧邻区域和第一疏港路以南为港口综合物流、港口高端配套及临港产业用地，靠近居住及生活配套区为城市产业用地。将产住混合区整体设置为港城缓冲区，可结合港口和城市近远期发展需求，由城市和港口管理部门共同协商土地开发。未来空间可沿第一疏港路向东拓展。

(5)生态隔离带：在集疏运通道两侧设置城市生态隔离带。

(6)港口旅游区：主要发展与港口相关的旅游产业，可发展游船和游艇、港口发展纪念馆、港景观赏等。

(7)休闲旅游区：不同于滨海城市生活休闲区，休闲旅游区主要以太平湾及其周边景点为基础，发展观光旅游和休闲商务等专业旅游项目。

(8)旅游商业区：主要为游客提供商业和商务休闲服务。

(9)旅游居住及配套区：主要发展休闲地产，为游客提供居住及配套服务，也兼顾城市生活和配套功能。

二、布局理念

港城融合的新型港城空间布局方法主要体现以下理念：

1. 设置“港城缓冲区”

港城缓冲区可包括利用天然隔离和人为规定的由港口和城市管理部门共同开发的区域，符合港口和城市和谐发展的理念，一定程度满足不同时期港口城市对空间发展的要求。港城缓冲区功能布局示意图见图3-2。港城缓冲区空间构成如下：

(1)天然隔离带。

以水系和山体为天然隔离，借助独特自然风景体现港城功能融合。南侧利用太平湾临港工业岛屿与大陆侧的潮间带，北侧利用太平角和太平湖形成的天然隔离，港口可发展游船和游艇等客运功能，城市可借助潮间带发展城市休闲旅游，利用水系发展景观公园。

(2)集疏运通道。

集疏运通道在大多数港口中都作为港口与城市分界，作为港口连接外部的重要空间资源直接穿越后方城市。目前，港口和城市规划和管理部门对其能够给予足够的关注和重视。

(3)产住混合区。

港城缓冲区的核心是基于优化的临港新城规划方案所提出的产住混合区的布置。产住混合区布局在第一疏港路和永宁大街之间，从港口后方一直延伸至国道202、哈大高速铁路和沈海高速公路，以发展港口和城市相关产业为主，包括港口物流、高附加值制造和高端配套产业，产住混合区内的土地开发和项目管理，需要由城市和港口部门共同统筹。

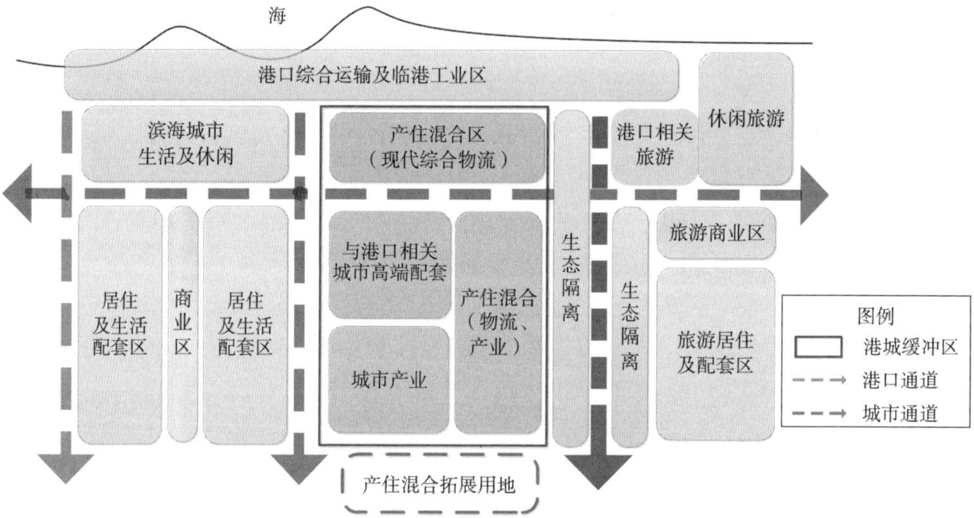

图 3-2　港城缓冲区功能布局示意图

2. 布局城市多个核心

按照城市空间拓展规律中的“有机疏散”和“精明增长”理论，将太平湾临港城市设定为三个城市发展组团，分别是第一疏港路以北的太平城区、第一疏港路和永宁大街间的产住混合城区以及永宁大街以南的永宁城区。太平湾多城市核心区布局示意图见图 3-3。

在三个组团中个人日常的生活和工作区域都相对集中布置，城市规划建设应该相对集中，形成密集型的组团，组团与组团之间采用绿地相隔离，单个组团的生活和就业单元适当混合，混合过程中兼顾生态平衡和生活舒适度。对于三大组团进行合理分工，南侧永宁城区主要是发展通用的城市功能，中部产住混合区主要发展港口相关产业，北部太平城区主要发展休闲旅游产业。

3. 分离港城交通主轴

港口与城市主要交通通道各自独立设置，次要通道可以相互兼顾。在港口通道布局上，除第一疏港路以外，在城市最南部布置第二疏港路，这两条疏港路作为港口未来最重要的南北向公路集疏港通道与后方大通道相连接。在城市通道布局上，港口开发初期，可以利用永宁大街作为港口公路集疏运通道，当城市和港口都达到一定规模时，永宁大街应当以服务城市为主，兼顾服务港口及其相关产业，主要是因为其北侧布置了大片的港口相关的产住混合区发展企业的运输需求。城市的南北向通道主要可以利用滨海公路和国道 202。

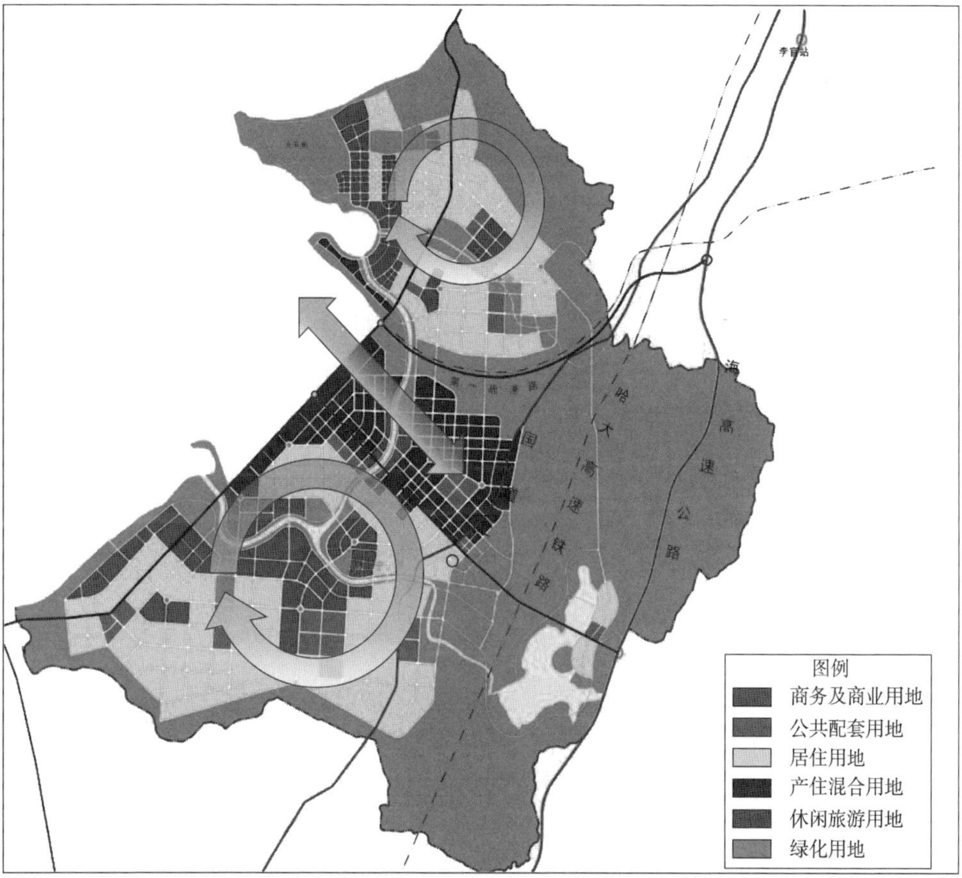

图 3-3　太平湾多城市核心区布局示意图

港口与城市的交通轴应避免多次垂直交叉,必须垂直交叉处留足设置立交设施的空间。规划的多城市核心的空间布局可以使城市人员活动的交通量减少到最低程度,太平城区和永宁城区都相应混合配套了生活和就业空间,基本可以内部完成自循环,产住混合区的人口活动也基本是在该区与港口间的往返运动。对于第一疏港路以南的主城区的人员,太平城市主要发展旅游休闲属于不经常的偶然活动场所,往返于偶然活动的场所,可以通过日常活动范围外缘绿地中所设置的畅通交通干道(国道 202),以方便往返。对于必须与第一和第二疏港路交叉的城市主通道滨海公路和国道 202,需尽量采取立交道口形式,并预留充足空间。

4. 体现港城功能融合

港城功能融合是在确定港口和城市空间功能时,充分考虑并兼顾双方需求,达到和谐共赢。港城功能融合区空间布局示意图见图3-4。

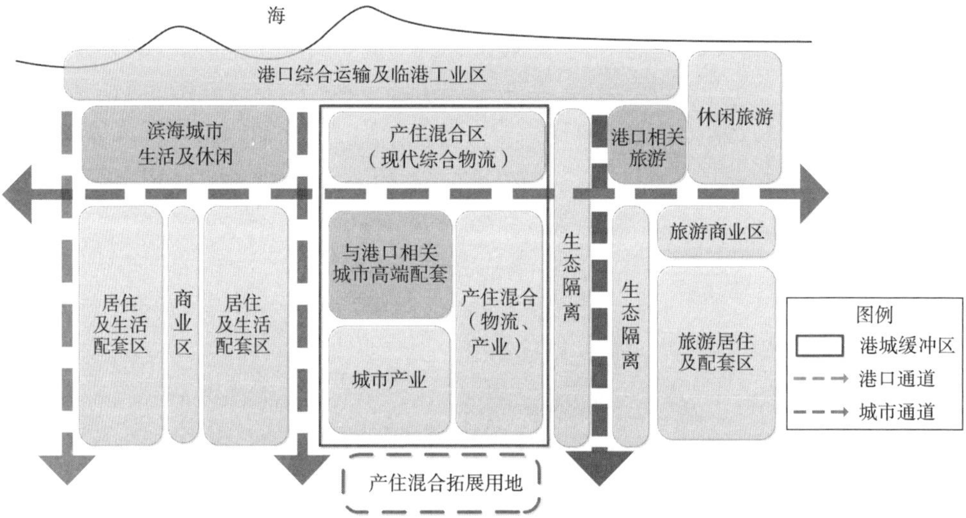

图3-4　港城功能融合区空间布局示意图

(1)通过港口平面方案空间布局优化置换增加了城市生活岸线,港口的临港工业作业区采取人工岛形式,在港口与城市之间形成新的生态潮间带,增加了城市的亲水岸线长度,同时在城市侧布置滨海生活及休闲区,开发游艇等海上客运项目服务城市生活休闲需求,达到港口为城市创造宜居环境的目的。

(2)在产住混合区发展与港口相关的城市高端配套服务区,该区域既体现了城市的功能,为港口的功能升级提供支撑,城市形成与港口生产相配套的商贸、金融、代理、咨询、海事等高端配套服务,也为太平湾承接大连国际航运中心未来发展需求,拓展港口现代综合物流等服务功能提供依托。

(3)在太平城区的太平湖和港口边缘地带设置港口旅游区,既符合规划对太平片区的城市旅游功能定位,该空间的设置是太平湾旅游资源的重构与升华,加强其旅游吸引力,也为港口提升自身形象和影响力提供支撑。

5. 预留城市拓展空间

永宁大街和第一疏港路之间布局的产住混合区可作为港口与城市的缓冲区,结合港口与城市不同发展阶段对土地的不同需求,该区域由港口和城市主管部门协商使用,也是港城空间拓展的弹性预留区。当远期该区域空间资源紧张可沿第一疏港路向陆侧拓展。

作为城市主城城区的永宁城市，虽然南侧的将军石城区近期用地属性一定程度上限定了城区的南扩，但未来进一步协调和统筹后，其开阔的陆域空间资源可以作为城市空间拓展的主要方向。港城缓冲区空间拓展示意图见图3-5。

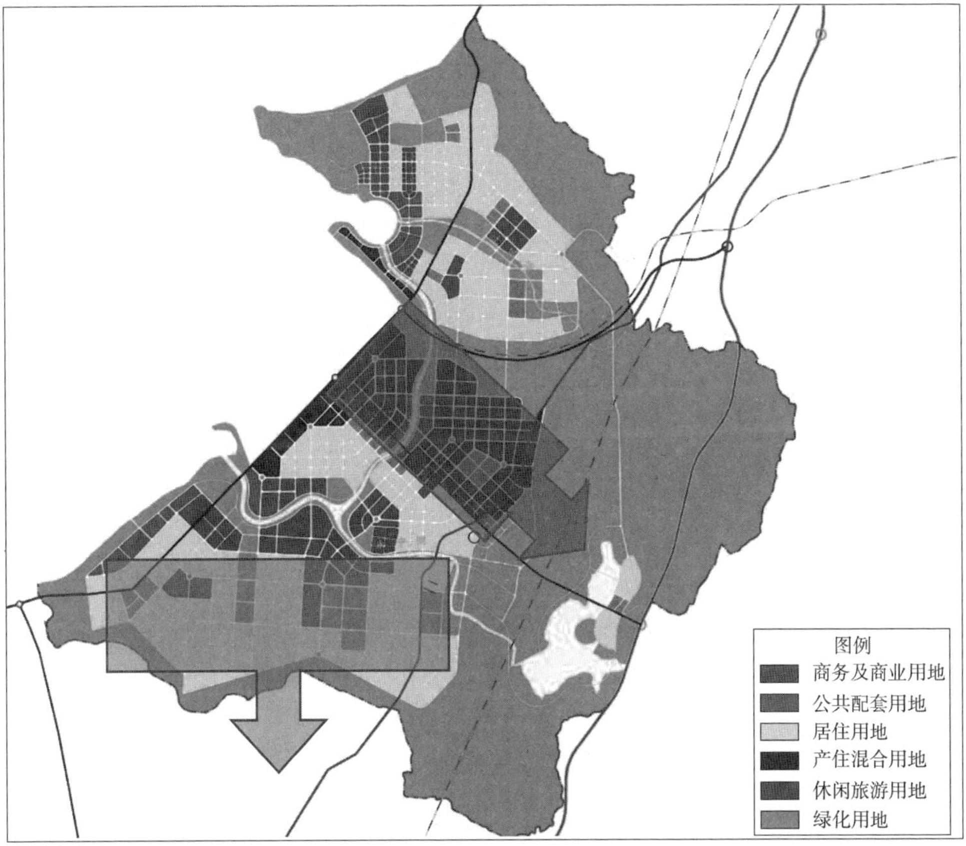

图3-5　港城缓冲区空间拓展示意图

6. 兼顾近远需求

城市的集聚不是一朝一夕形成的，港口的发展也需要一个较为漫长的过程，在空间布局和功能实现均是如此。

(1)永宁大街服务对象转变，创造城市依托。由于太平湾地区目前还属于乡村地区，城市集聚力不强，建成的永宁大街是一条等级较高的公路，近期主要服务港口运输。随着港口带动城市集聚的不断加强，按照城市空间拓展交通脉动的规律，会在永宁大街两侧产生城市的雏形，城市交通不断加大，港口应当适时建设第一和第二疏港路，逐渐减弱永宁大街的疏港功能。在这个过程中，港口不仅得到了发展，而且吸引了一定规模的城市集聚，为港口的配套服务和进一步发展创造城市依托。

（2）临港用地功能升级，港城功能融合。永宁大街和第一疏港路间的港城缓冲区在港口发展初期会相应配套一定的商业和居住设施，主要以服务港口及其周边产业为主。远期港口发展带动城市功能完备壮大，需引导城市核心商业区布局在永宁河三角洲区域，对于与港口功能不相关的用地需求，应当限制在港城缓冲区内布置。同时，搬迁港城缓冲区中落后的产业布局。

7. 保护核心空间资源

对于港口和城市，未开发的空间资源是保障其未来发展的重要支撑，其中的核心空间对港口与城市是极为关键的。新型港城空间布局理念旨从空间布局的合理性上来保障港口和城市的核心空间资源不被侵扰。

（1）港区方案采用离岸人工岛的平面布置方案。该方案不仅从生态的角度给港口和城市创造了良好的环境，同时通过天然水系隔断了城市与港口的相互干扰，一定程度上保护了港口的核心空间资源，同时最大程度的保留了城市的亲水岸线。

（2）重要的港口集疏运通道两侧设置生态隔离带。生态隔离带可以隔离港口大规模集疏运活动带给城市噪声和尾气的污染。集疏运通道资源在港口和城市发展初期就应该重点关注，不设置适当的生态隔离带，按照城市空间拓展交通脉动的规律，港口集疏运通道很容易受到城市集聚的干扰，随着干扰的加剧港城矛盾会不断激化。

第三节　港城空间拓展定量分析

一、港城空间变量选择

城市空间形态是一个由诸多要素共同决定的矛盾统一体，不同的要素对城市空间形态的演变发挥着推动或阻碍等不同的作用。研究人员进一步将这些空间要素分为引导性要素和限制性要素，港城的城市发展适宜性主要由这两种要素决定：例如城市中心等点要素及交通走廊等线要素的形成与发展，无疑会推动城市-区域的空间生长，它们属于引导性空间要素；而成片的山体、水体和农保区等面要素却会阻碍空间的扩张，它们则属于限制性空间要素。城市发展影响空间变量见表 3-1。

城市发展影响空间变量　　表 3-1

要素	要素分类	空间变量
引导性要素	经济引导性要素	到城市中心的距离
		到港口的距离
		……
	交通引导性要素	到主干道的距离
		到次干道的距离
		……
限制性要素	规划要素	空间管制规划
		……
	生态要素	坡度
		……

城市中心等点要素及交通走廊等线要素对城市扩张的影响深度随着与核到衰减路径垂足距离的增加而减小，直至为零，其围合的空间为衰减面，影响深度的公式为：

$$y = H \times a \times \frac{1}{x^n} \tag{3-1}$$

式中，H 为最大影响深度；x 为与核到衰减曲线垂足的距离；a 反映曲线斜度；n 反映衰减曲线曲度。

二、多元影响因素重要度分析

1. 指标的类型取值和无量纲化

在多指标综合评价体系中，有些是指标值越大评价越好的指标，称为正向指标（也称效益型指标或望大型指标）；有些是指标值越小评价越好的指标，称为逆向指标（也称成本型指标或望小型指标），还有些是指标值越接近某个值越好的指标，称为适度指标。在综合评价时一般是将逆向指标采用倒数变换法转化为正向指标，这也称为指标的正向化处理，见式（3-2）。

$$X^* = \frac{1}{X'} \tag{3-2}$$

式中，X'为逆向指标原始数值；X^* 为该指标的正向化指标值。通过数值处理后，指标的数值越大，城市发展水平就越高。

不同评价指标往往具有不同的量纲和量纲单位,为了消除由此带来的不可公度性,还应将各评价指标作无量纲化处理。无量纲化处理是一种通过数学转换来消除原始数据变量之间的量纲影响的办法,常用的指标无量纲化的方法有以下三种:①极值标准化法。极值标准化法需要找出指标最大值与最小值,并直接用该最大值与最小值作为分母或分子。②极差标准化法。极差标准化法就是先找出全部指标中的最大值与最小值,然后求得该最大值与最小值的极差,用这一极差作为分母。③幂指数转化法。幂指数转化法是指采用幂指数的形式将指标值转化为介于[0,1]之间的标准化值。主要采用极值标准化法进行指标的量纲处理,见式(3-3)。

$$X=\frac{X^{*}-X_{\min}}{X^{*}-X_{\max}} \tag{3-3}$$

式中,X 为标准化后的指标数值;X^{*} 为该指标的正向化指标值;$X_{\max}$ 和 $X_{\min}$ 分别为每个指标对应的最大值和最小值。

2. 综合评价指标权重的确定

由于建立的指标体系指标数量之多,不仅有定性的指标,而且还有定量的指标,难以直接得到可比较的结果,而且不同地区的统计指标内容也会有一定的区别,决策者对整个指标体系的偏重和结果都有很大的影响,因此使用比较成熟完善的层次分析法来进行评价不同城市发展影响空间变量的权重大小。

层次分析法(The Analytic Hierarchy Process,AHP)是美国运筹学家、匹兹堡大学教授萨迪(T. L. Saaty)于20世纪70年代提出的一种将定性与定量相结合的一种系统化、层次化的决策分析法。AHP决策分析法,是一种将决策者对复杂问题的决策思维过程模型化、数量化的过程。通过这种方法,可以将复杂问题分解为若干层次和若干因素,在各因素之间进行简单的比较和计算,就可以得出不同方案重要性程度的权重,从而为决策方案的选择提供依据。这对那些难以进行量化分析的复杂问题或系统适用。另外该方法的优点在于剖析问题的思路简单、易于理解、便于计算,因此可用于解决复杂的非结构问题或系统性的决策,把问题一分为几,以及进行多目标、多层次、多方案、多时段等各种类型问题的决策分析,对于多方案的判断选择具有很大的意义,具有较广泛的实用性。AHP分析问题步骤示意图见图3-6。

AHP方法的具体步骤如下:

(1)建立层次分析模型,即目标层-准则层-指标层的层次结构分析模型。

(2)构造判断矩阵。

假设因素在 A 层因素中与下一层次 B 中的因素 $B_1,B_2,\cdots,B_n$ 有联系,则可以

构造如下判断矩阵 B：

其中，b_{ij}表示因素 B_i 对于 B_j 的相对重要性的一个数据，其值可以用 1～9 的数值及其倒数来表示，若 B_i 比 B_j 更重要，那么 b_{ij} 为大于 1 的整数，若 B_i 不如 B_j 重要，则 b_{ij} 为分子为 1 分母为大于 1 的整数的分数，如表 3-2 所示。

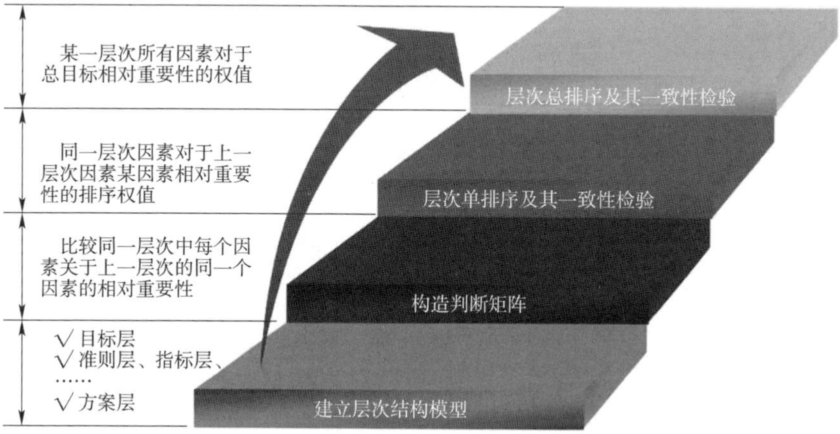

图 3-6　AHP 分析问题步骤示意图

A	B_1	B_2	$\cdots$	B_n
B_1	b_{11}	b_{12}	$\cdots$	b_{1n}
B_2	b_{21}	b_{22}	$\cdots$	b_{2n}
$\vdots$	$\vdots$	$\vdots$	$\vdots$	$\vdots$
B_n	b_{n1}	b_{n2}	$\cdots$	b_{nn}

判断矩阵的标度及其含义　　表 3-2

标度	定义
1	两元素同等重要
3	两元素对比，i 元素比 j 元素稍微重要
5	两元素对比，i 元素比 j 元素明显重要
7	两元素对比，i 元素比 j 元素强烈重要
9	两元素对比，i 元素比 j 元素绝对重要

续上表

标度	定义
2、4、6、8	表示相邻两标度之间折中时的标度
上列标度倒数	元素 i 对元素 j 的标度为 b_{ij}，反之为 $1/b_{ij}$

(3)计算各指标的相对权重。

根据构造的判断矩阵，计算判断矩阵的每一行元素的乘积：

$$M_i = \prod_{j=1}^{n} b_{ij} (i = 1, 2, \cdots, n) \tag{3-4}$$

计算 M_i 的 n 次方根：

$$\overline{W}_i = \sqrt[n]{M_i} (i = 1, 2, \cdots, n) \tag{3-5}$$

将向量 $\overline{W} = [\overline{W}_1, \overline{W}_2, \cdots, \overline{W}_n]^T$ 归一化：

$$W_i = \overline{W}_i / \sum_{i=1}^{n} \overline{W}_i (i = 1, 2, \cdots n)$$

则 $W = [W_1, W_2, \cdots, W_n]^T$ 即为所求的特征向量，即指标相对权重。再计算 A 层的最大特征根：

$$\lambda_{\max} = \sum_{i=1}^{n} \frac{(AW)_i}{nW_i} \tag{3-6}$$

为了评价层次总排序结果的一致性，类似于层次单排序，也需要进行一致性检验，计算一致性指标：

$$CI = \frac{\lambda - n}{n - 1} \tag{3-7}$$

然后从平均随机一致性指标表中查找上例检验中所需要的平均随机一致性指标 RI，取值如表 3-3 所示。

平均随机一致性指标取值表 表 3-3

阶数	1	2	3	4	5	6	7	8	9	10
RI	0	0	0.58	0.90	1.12	1.24	1.32	1.41	1.45	1.49

对相对一致性比率进行计算：

$$CR = \frac{CI}{RI} \tag{3-8}$$

当 $CR < 0.10$ 时，则认为层次总排序的计算结果具有满意的一致性，得出的权重系数是有效地；否则，就需要对本层次的各判断矩阵进行调整，直至层次总排序的一致性检验达到要求为止。

三、基于元胞自动机技术的港城空间扩张模型

元胞自动机(Cellular Automata,CA)具有强大的空间运算能力,常用于自组织系统演变过程的研究。它是一种时间、空间、状态都离散,空间相互作用和时间因果关系都为局部的网格动力学模型,具有模拟复杂系统时空演化过程的能力。它这种“自下而上”的研究思路充分体现了复杂系统局部的个体行为产生全局、有秩序模式的理念。近年来,越来越多的学者利用元胞自动机来模拟城市系统,并且取得了许多有意义的研究成果,同时在方法上也不断得到创新、改善。城市是一个典型的动态空间复杂系统,具有开放性、动态性、自组织性、非平衡性等耗散结构特征;城市的发展变化受到自然、社会、经济、文化、政治、法律等多种因素的影响,因而其行为过程具有高度的复杂性。正是由于这种复杂性,城市CA必须考虑各种复杂因素的影响。可以将复杂的城市系统进行分解,用不同的CA模拟城市系统的不同特征。

城市地理学家在上世纪中后期发展了许多城市模型,这些模型主要源于社会经济理论,如输入、输出理论和空间相互作用理论。劳利模型就是源自空间相互作用理论的城市发展模型。这些传统的城市模型在模拟城市系统时具有一定的局限性,因为此类模型是静态、解析性的模型,无法反映城市系统的动态变化及复杂性特征。同时,传统城市模型由于以较大的单元作为研究对象(如行政区等),缺乏详细的真实空间资料,模型的建立无法运用高分辨率的空间信息,也无法反映城市的微观结构特征和个体行为。而这恰恰是造成城市动态性、自组织性、突变性等复杂特征的原因。此外,传统的基于方程式的城市模型要么因涉及的参数太多而根本无法得到合适的方程式,要么因方程式本身极其复杂难以求解。

CA通过运用高分辨率空间信息能够克服传统城市模型的局限。CA的基本研究对象是元胞,元胞可以定义为高分辨率的格网。城市CA的基本原理是通过局部规则模拟出全局的、复杂的城市发展模式。CA具有强大的建模能力,能模拟出与实际非常接近的结果,已被越来越多的学者运用到城市模拟中。许多学者的研究成果表明CA能用简单的局部规则模拟复杂系统。通过运用一般的CA,城市可以分解为各种可计算的模型。从严格的决定论到完全的随机性、从完全的可预测性到不可预见,CA能模拟出城市各种不同的形态结构。

常用的元胞自动机模型采用的是基于像元的模拟策略,很难模拟出真实的城市增长格局,且容易导致过度拟合现象。而基于斑块增长模拟策略的CA模型可以较好的解决这个问题。

利用斑块元胞自动机进行城市空间增长模拟的流程如下:首先,利用层次分析

法或多准则判断方法来获取各个输入变量的权重,计算城市发展适宜性。其次,通过历史土地利用数据来提取新增城市用地斑块及其面积的分布规律。最后,以迭代的方式来模拟城市空间增长。具体来说,在每次迭代中,首先利用所获取的实际面积分布来估算新增斑块的面积,再通过比较一个随机数和预设阈值的大小来确定该斑块的增长类型(自发或组织增长),最后利用移动窗口方式来模拟该斑块的增长过程。在满足既定的终止条件时(如新增城市用地的面积达到给定的数量),整个模拟过程将会停止,反之将会继续运行。基于斑块增长模拟策略的CA模型原理图见图3-7。

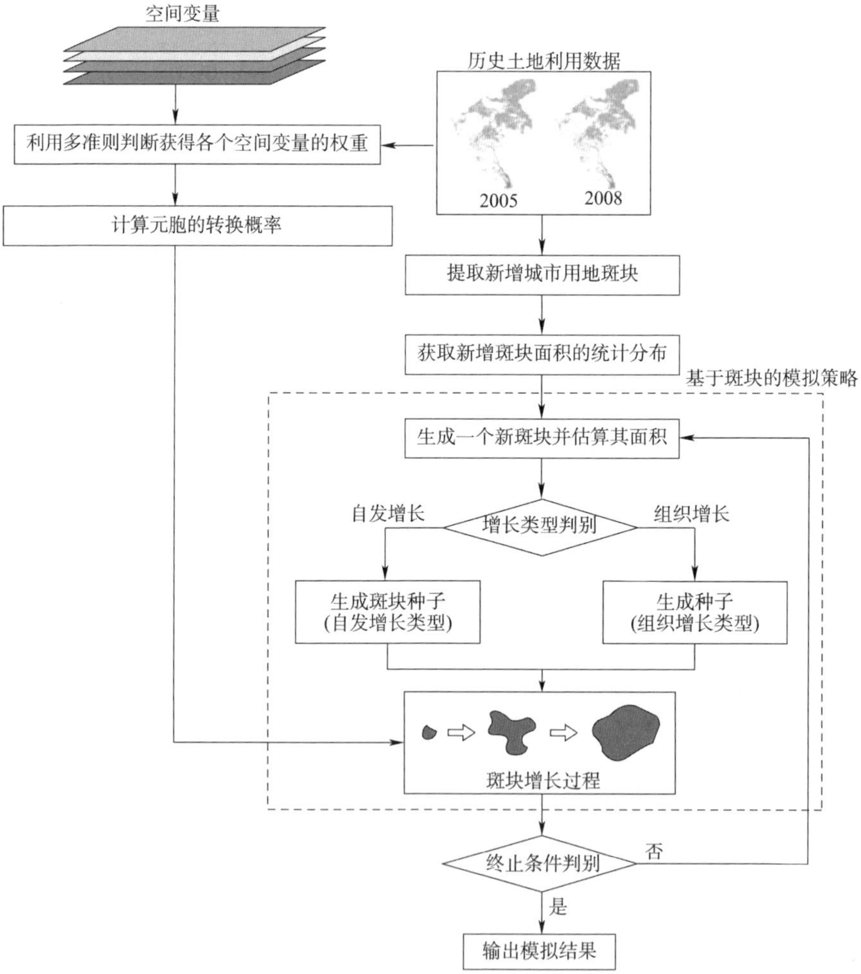

图3-7　基于斑块增长模拟策略的CA模型原理图

元胞发展概率的计算考虑了三个方面的属性:发展适宜性、邻域发展密度与空间发展约束。元胞(i,j)的发展适宜性可以通过一系列的空间变量来计算,如到城市中心的距离或道路网络的通达性。具体来说,元胞的发展适宜性是通过一系列的空间变量及其权重的线性加权之和:

$$p_g = b_1X_1 + b_2X_2 + \cdots + b_nX_n \tag{3-9}$$

式中,X_k 是第 k 个空间变量;b_k 是变量 X_k 的权重,权重大小可以通过根据层次分析法计算得到。

除此之外,模型也考虑随机因素、邻域城市发展密度和限制发展条件,修正后的模型公式为:

$$p_{ij}^t = [1 + (-\ln\gamma)^{\alpha}] \times p_g \times \Omega_{ij}^t \times con_{ij} \tag{3-10}$$

式中,γ 是一个值为 0 ~ 1 之间的随机数;α 是一个控制随机程度的参数;con_{ij} 是一个决定元胞 ij 能否转换的函数(例如水体不适于发展成为城市,则该元胞值设为 0)、Ω_{ij}^t是计算在时刻 t 元胞 ij 的 5 × 5 邻域中的城市发展密度:

$$\Omega_{ij}^t = \frac{\sum_{5\times5} N[urban\ (ij)_t]}{5\times5-1} \tag{3-11}$$

式中,$\sum_{5\times5} N[urban\ (ij)_t]$ 是统计在时刻 t 元胞 ij 的 5 × 5 邻域中已经转换为城市的元胞数。当元胞转换概率达到阈值时,元胞由非城市用地转换为城市用地。

基于斑块的元胞自动机模型可以很好地结合港城产业发展和用地冲突过程,实现港城空间发展动态过程模拟。城市用地的增长包括两种增长模式:自发增长和组织增长。自发增长是指新增城市用地与已有城市用地在空间上互相分离;组织增长则指新增城市用地与已有城市用地彼此邻接。两种城市用地增长模式示意图见图 3-8。

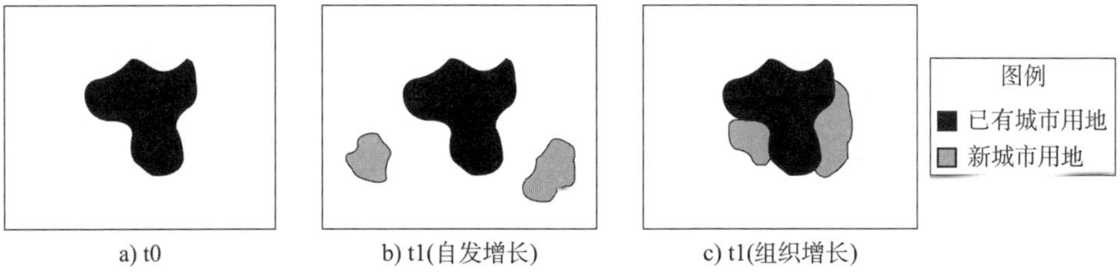

图 3-8　两种城市用地增长模式示意图

在初始阶段,港后新城的用地发展多为自发增长模式,主要分布于交通沿线的具有广阔可开发用地的产业用地区域,可根据用地适宜性来选取种子核开始扩张,而在城市发展后期阶段主要在商业用地和居住用地区域自发增长。在不同产业发展阶段使用种子核的自发增长以及在已有用地的组织增长两种模式对城市扩张的过程进行动态模拟,从而得出不同城市空间布局方案下的城市空间扩张模拟结果。种子核发展过程示意图见图 3-9。

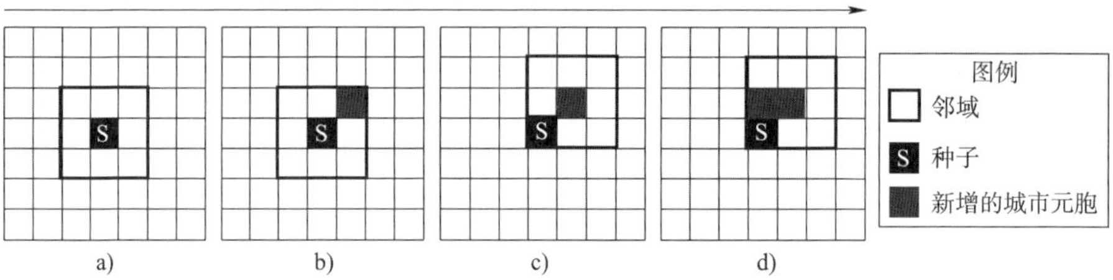

图 3-9　种子核发展过程示意图

四、港城空间拓展定量分析研究

(一)研究思路

在充分结合遥感和 GIS 技术,集成卫星遥感、社会经济统计以及港口和城市规划等多源数据的基础上,结合智能算法对港城互动的空间拓展进行模拟和定量分析。

港城空间拓展定量分析模型构建的研究思路是:根据城市规划部门总体规划中的城市用地规划面积作为约束城市空间拓展的模拟总量。由于城市空间形态的演变主要受引导性要素和限制性要素的推动或阻碍作用,因此在城市规划的基础上,提取交通引导要素、经济引导要素以及规划限制要素,同时根据卫星遥感影像提取港城用地的生态适宜性来限定城市的可扩展区域,根据引导性要素和限制性要素共同构成港口后方城市发展适宜性评价体系,并使用层次分析法,充分考虑港城互动影响因素,获得规划区域的发展适宜性结果。将港城用地需求、多种规划情景以及发展适宜性结果共同输入到以斑块元胞自动机为核心的港城空间定量分析模型,结合港城产业发展和用地冲突的规律分析,在不同产业发展阶段使用产业种子核的自发增长以及在已有用地的组织增长两种模式对城市扩张的过程进行动态模拟,从而得出不同城市空间布局方案下的城市空间扩张模拟结果。

为了评价港城空间扩张模拟结果,从基于人口密度分布产生的城市交通主轴、基于用地冲突总量、基于生态环境评价三个方面构建港城城市扩张模拟结果评价体系，综合评价港城优化空间布局规划方案，对模拟结果的用地冲突区域的空间分布及产业分布进行分析，揭示港城用地冲突矛盾的原因。

港城空间拓展定量分析模型思路框图见图3-10。

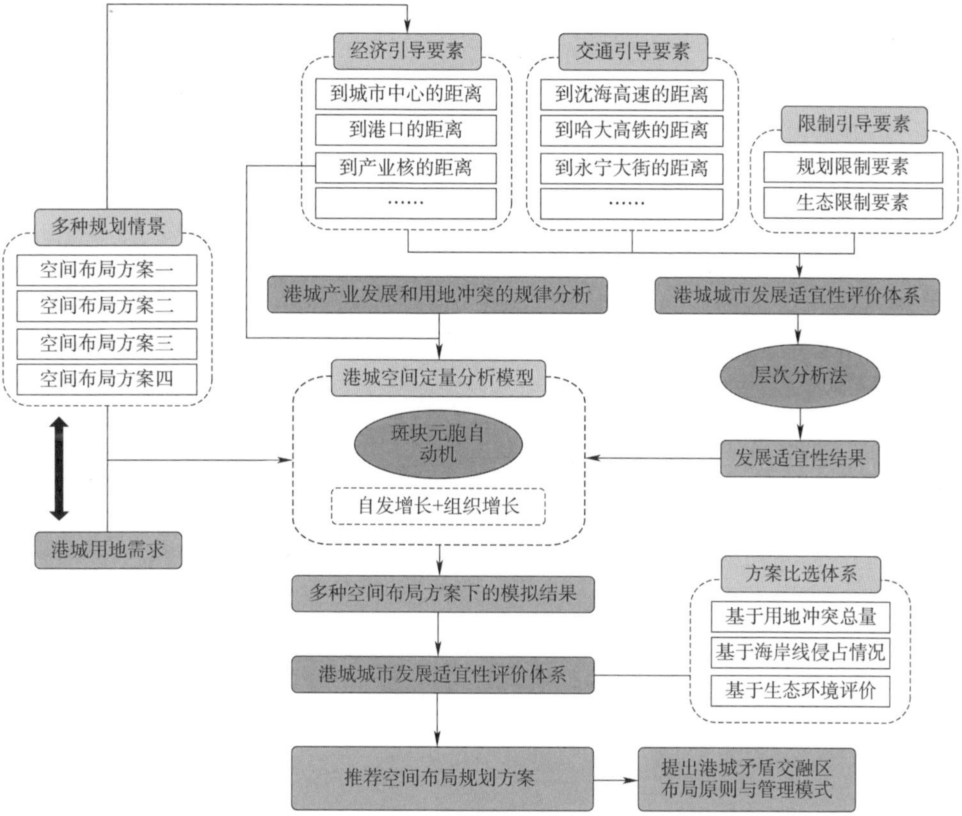

图3-10　港城空间拓展定量分析模型思路框图

（二）研究案例

港城空间拓展在发展过程中基本能够按照港城规划部门所确定的方案实施，港区内部是高度组织化的管理模式，因此港口空间拓展具有有序性和计划性的特点，不需要对港区内部的城市扩张进行模拟，但是需要考虑港区货物吞吐量以及产业发展程度对城市发展的牵引动力作用。但是，城市空间的拓展具有随机性和偶然性，因此，定量分析的重点是对港口后方城市在不同规划方案下城市空间拓展的定量分析，在这个过程中需要考虑多方面的港城互动影响因素，通过建立港城空间拓展评价体系，比选不同的城市空间布局方案。

以太平湾港城概念性规划为例，针对两个临港城市规划方案分别进行空间拓展的定量模拟和分析，临港城市规划方案一、二分别见图3-11和图3-12。

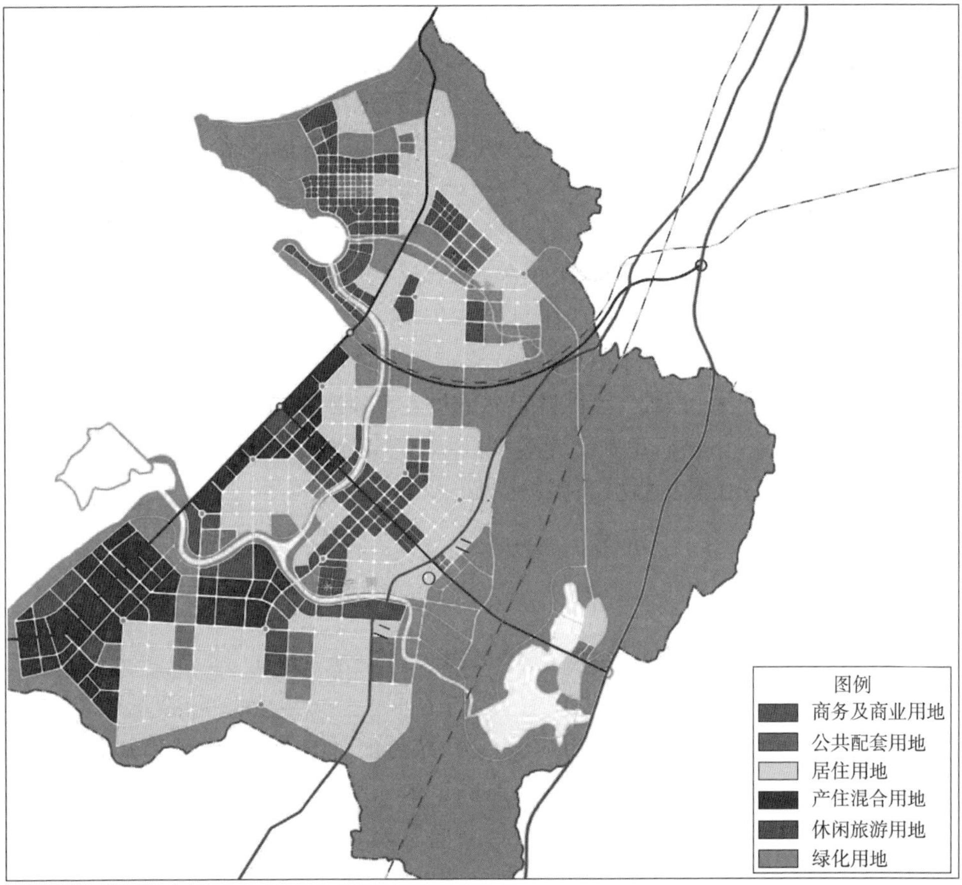

图3-11 太平湾临港城市规划方案一

由于城市空间的拓展具有随机性和偶然性，因此本项目提出了两个不同的城市规划方案，根据港口的空间布局对城市内部的用地功能布局进行了调整，从而影响了城市发展过程中的空间拓展，使得城市的扩张方向而有所不同，因此两种规划方案对引发港城矛盾的程度也所有轻重。根据第六章的针对这两个城市规划方案的不同港口发展情景的城市扩张模拟以及远期人口分布模拟结果，建立多种城市规划方案比选体系，从而选择出更优的城市规划方案。

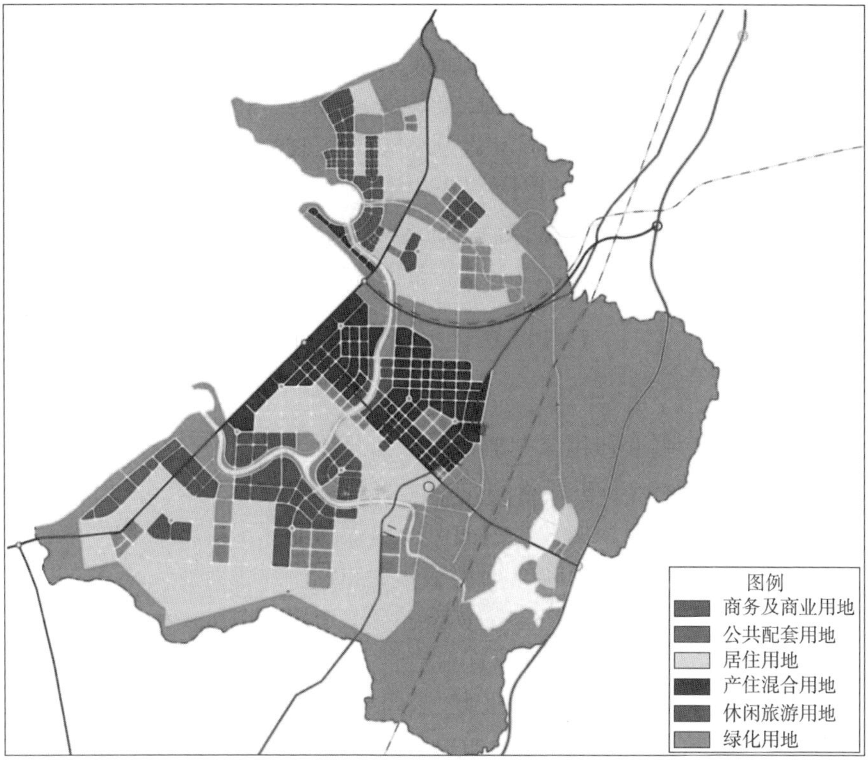

图 3-12　太平湾临港城市规划方案二

1. 基于港城用地冲突的比选

由于该工作的重点为避免港城用地冲突，因此首要的是评价不同规划情景下的城市发展主轴是否和港口产业用地存在冲突，冲突最少的方案为更优方案。

(1)方案一。

分析城市规划方案一近期港口缓慢发展情景下以及港口快速发展情景下的城市扩张模拟结果(图 3-13 和图 3-14)，对比两个模拟结果的城市发展主轴，发现两者的不同之处在于缓慢发展情境下西区的城市产业用地发展缓慢，这是由于在这一情境下港口西区的吞吐量较低，产业发展缓慢，导致了在西区这一带的城市发展缓慢，而快速发展情境下该区域也能有较快的发展。两种情景的共同之处在于在城市未来的发展主轴基本保持一致，这是由于城市规划方案一把产业拓展区集中布置于沿着滨海路的临港区域，因此城市只能向后方腹地蔓延。图中黑色椭圆区域代表港城缓冲区的冲突矛盾区域，该区域规划为产业拓展区域，仍有部分服务于港口的产业用地，因此有可能和未来城市扩张产生冲突。

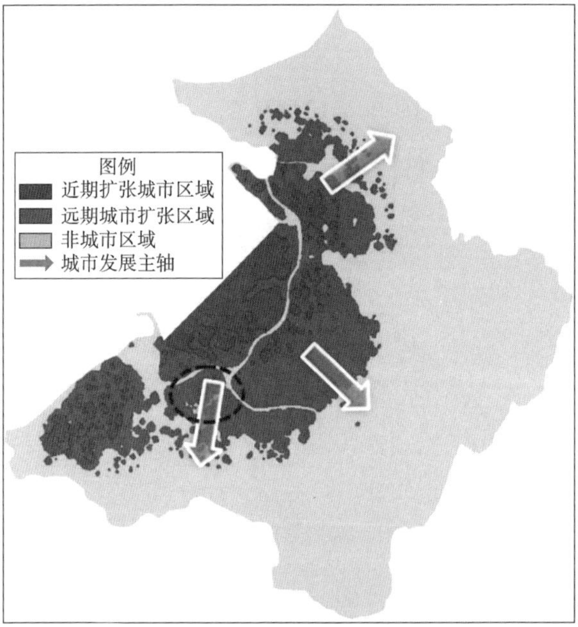

图 3-13　城市规划方案一近期港口缓慢发展情景下的城市扩张模拟结果

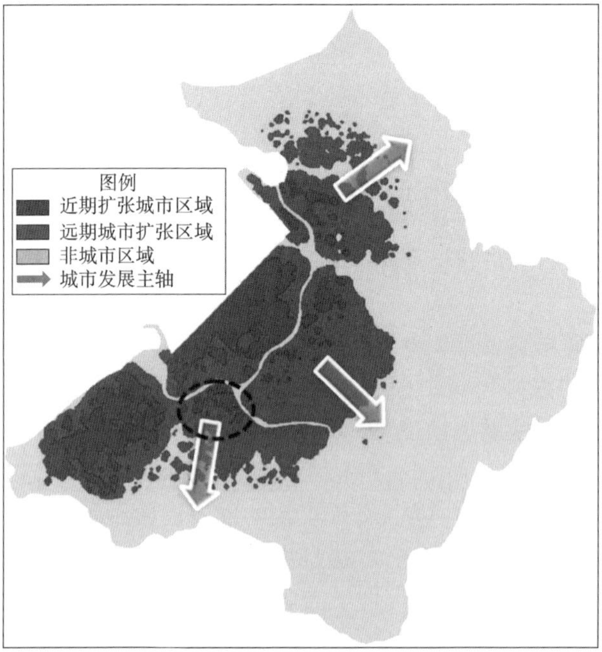

图 3-14　城市规划方案一近期港口快速发展情景下的城市扩张模拟结果

(2)方案二。

分析城市规划方案二近期港口缓慢发展情景下以及港口快速发展情景下的城市扩张模拟结果(图3-15和图3-16),对比两个模拟结果的城市发展主轴,发现两者近期和远期的城市空间布局都十分相似,近期港口缓慢发展情景和快速发展情景对城市空间布局的影响较弱,仅对城市发展面积有一定影响,可以看出规划方案二的城市发展较为稳定,而且两种情景城市未来的发展主轴也保持一致。图3-15和图3-16中的黑色椭圆区域为港城缓冲区,可以发现规划方案二的城市发展主轴并未和该区域重叠,因此城市规划方案二更能避免未来港城用地产生冲突。

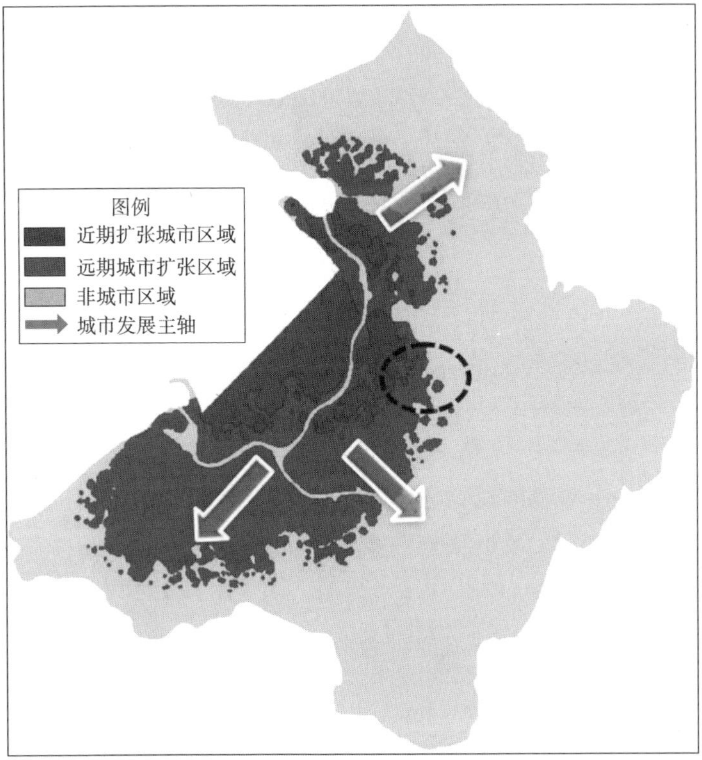

图3-15 城市规划方案二近期港口缓慢发展情景下的城市扩张模拟结果

2. 基于港城缓冲区可扩展用地情况的比选

港城缓冲区作为港口和城市用地功能布局交融的区域,其未来可扩展用地的情况对于港城矛盾的解决有着决定性的作用,港城缓冲区的可扩展用地越多,城市规划方案更优。

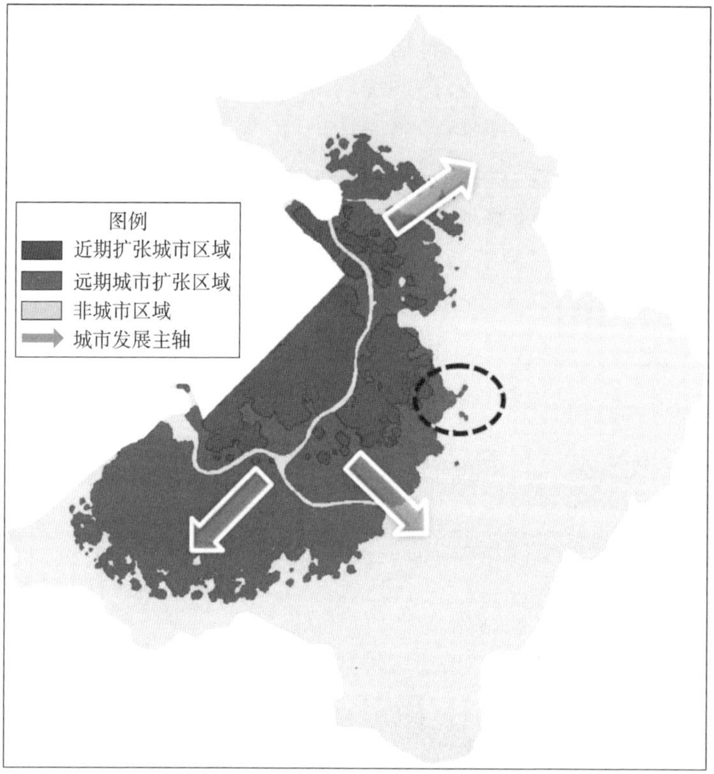

图 3-16 城市规划方案二近期港口快速发展情景下的城市扩张模拟结果

城市规划方案一和城市规划方案二的港城缓冲区可扩展用地情况见图 3-17 和图 3-18，通过对比发现，城市规划方案一的港城缓冲区为沿着海岸线的狭长区域，后方则为城市发展区域，因此在这一规划方案下限制了未来服务于港口产业的用地扩张，使得港城缓冲区面临无地可扩展的局面，从而容易引发港城矛盾，可以说方案一是典型的港城空间分离的总体空间布局形态。而城市规划方案二港城缓冲区的用地也能向腹地后方扩展且不与城市发展区的扩展方向冲突，从而有效减少了港城缓冲区的矛盾。

3. 基于城市交通主轴和疏港交通主轴冲突情况的比选

根据白天和夜晚的城市人口分布确定城市的交通主轴，与港口的疏港道交汇区域越少则港城交通矛盾冲突小，方案更优。

通过统计城市规划方案一和城市规划方案二白天和夜晚各主干道的人口变化

得出两个方案下的城市交通主轴,可以发现城市规划方案一的城市交通主轴和疏港道的矛盾冲突更为突出,这是由于城市规划方案一的永宁中心靠近第一疏港道,因此会吸引大量的人口穿越第一疏港道在永宁中心和土城中心之间流动,从而加剧了港城交通矛盾。而规划方案二的用地功能布局进行了调整,使得永宁中心往西侧偏移,城市规划方案二的人口流动则主要在永宁中心的商业区及其周边的居住区流动,从而减少了大量人口穿越疏港道。而且根据城市规划方案二的产业拓展区布局较为集中的特征,也可以在产业拓展区的外围修建一条外环线,在和疏港道交接的区域修建高架,确保永宁中心和土城中心的人口流通的便捷。城市规划方案一和城市规划方案二的白天和夜晚人口分布热力图见图 3-19 和图 3-20,城市规划方案一和城市规划方案二的城市交通主轴和疏港道冲突情况见图 3-21 和图 3-22。

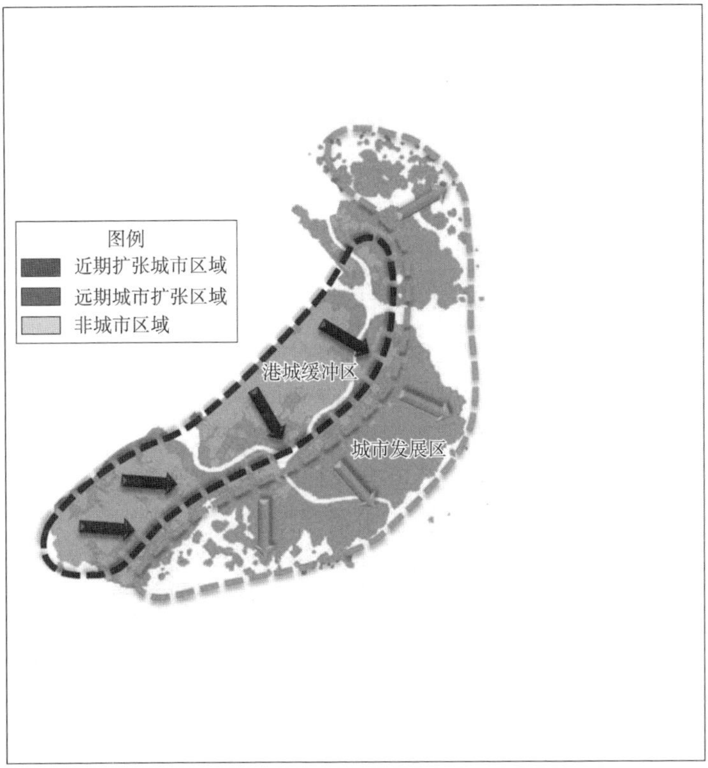

图 3-17　城市规划方案一港城缓冲区可扩展用地情况

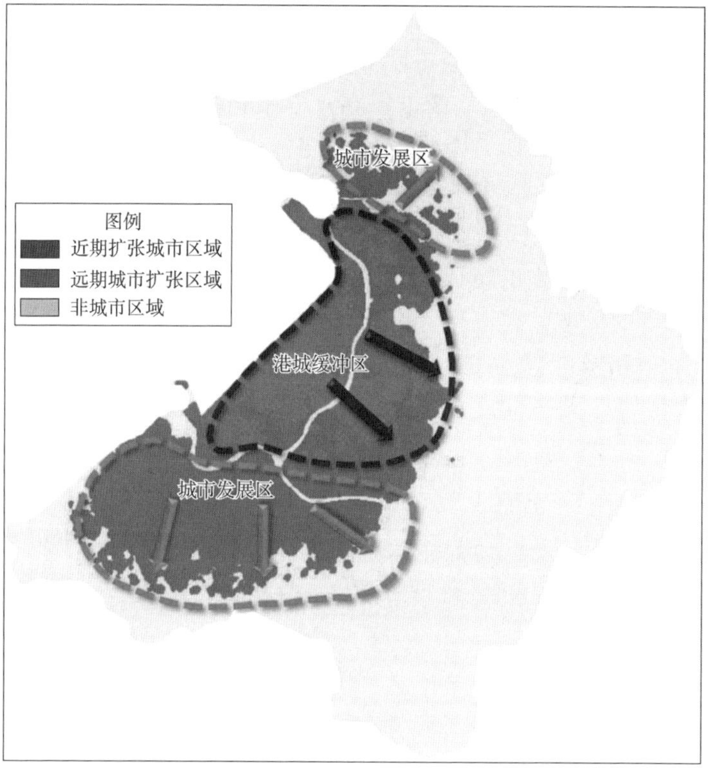

图 3-18　城市规划方案二港城缓冲区可扩展用地情况

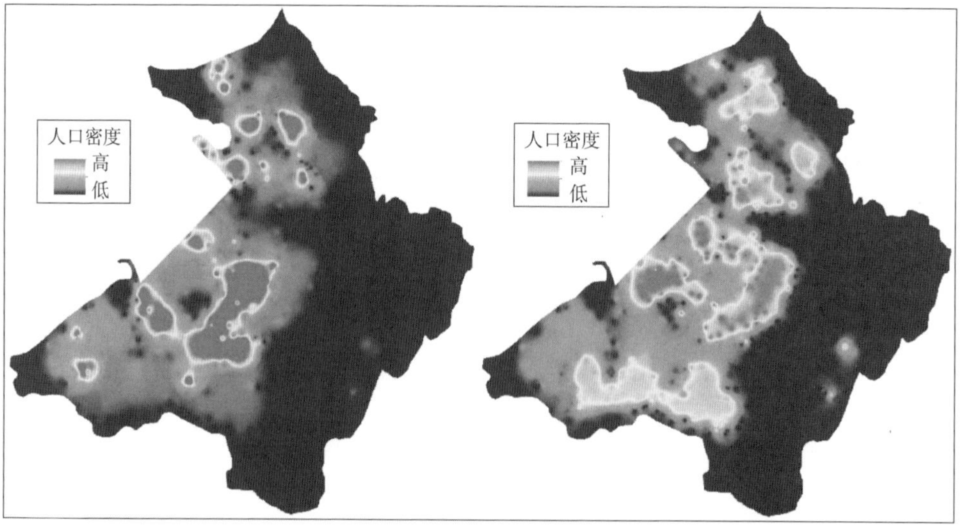

图 3-19　城市规划方案一白天(左图)和夜晚(右图)人口分布热力图

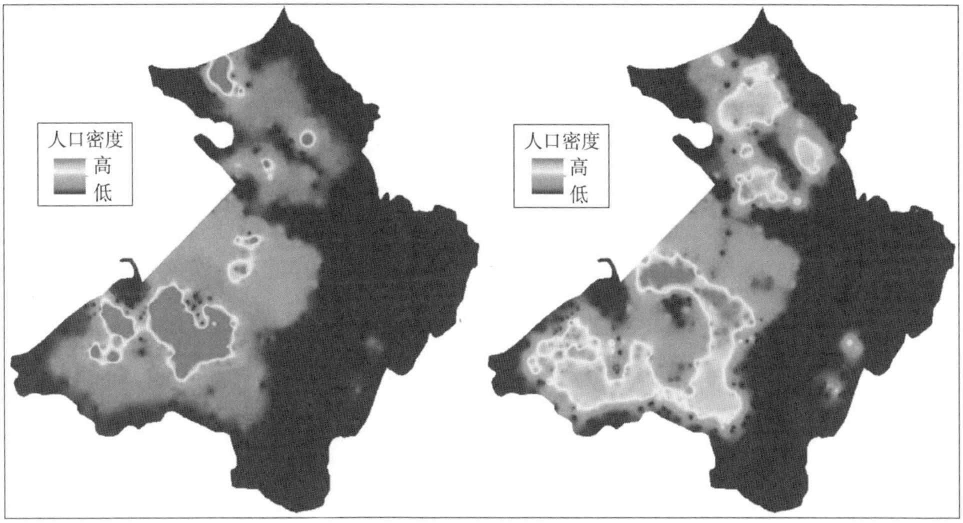

图3-20 城市规划方案二白天(左图)和夜晚(右图)人口分布热力图

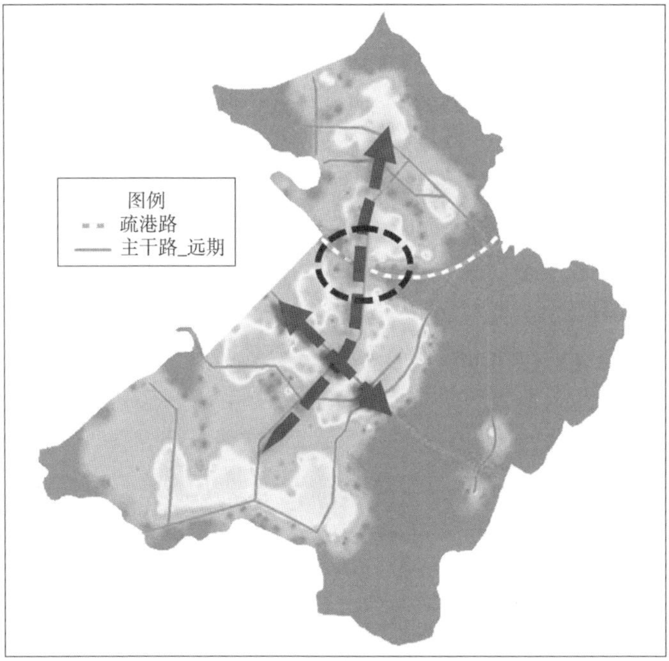

图3-21 城市规划方案一城市交通主轴和疏港道冲突情况

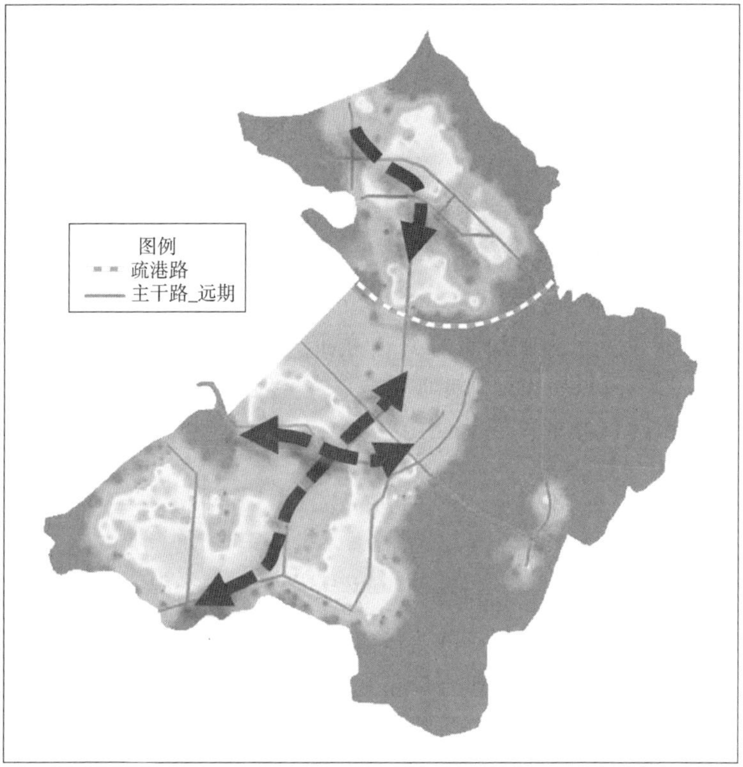

图 3-22　城市规划方案一城市交通主轴和疏港道冲突情况

4. 其他方面的比选

(1)基于海岸线侵占情况的比选。

由于海岸线对于港口城市来说是十分重要的战略资源,因此评价不同规划情景下的海岸线侵占情况也十分必要。城市规划方案一的产业拓展用地基本上占据了太平湾西侧的海岸线资源,没有充分考虑未来太平湾港向休闲港转变;而城市规划方案二则考虑了这一点,在最西侧的海岸线预留了休闲旅游用地。城市规划方案一和城市规划方案二的海岸线资源侵占情况对比分析见图 3-23。

(2)基于生态环境的比选。

城市的生态环境对于城市的宜居和可持续发展十分重要,因此也需要从环境生态评价方面对不同的方案进行比较。太平湾以东南风为主,则两种规划方案对影响产业区的大气污染物扩散的风向不敏感,但是若转西北风,则城市规划方案一的部分大气污染物会吹向居住区;另外城市规划方案二的产业拓展用地布局更为集中,更能集中高效布局废危处置中心以及排污管道。城市规划方案一和城市规划方案二的海岸线资源侵占情况对比分析见图 3-24。

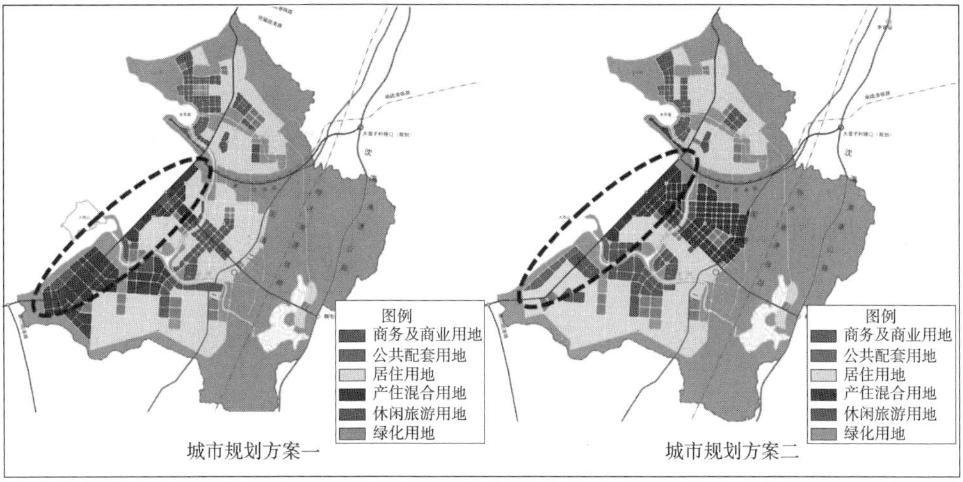

图 3-23　城市规划方案一和城市规划方案二的海岸线资源侵占情况对比分析

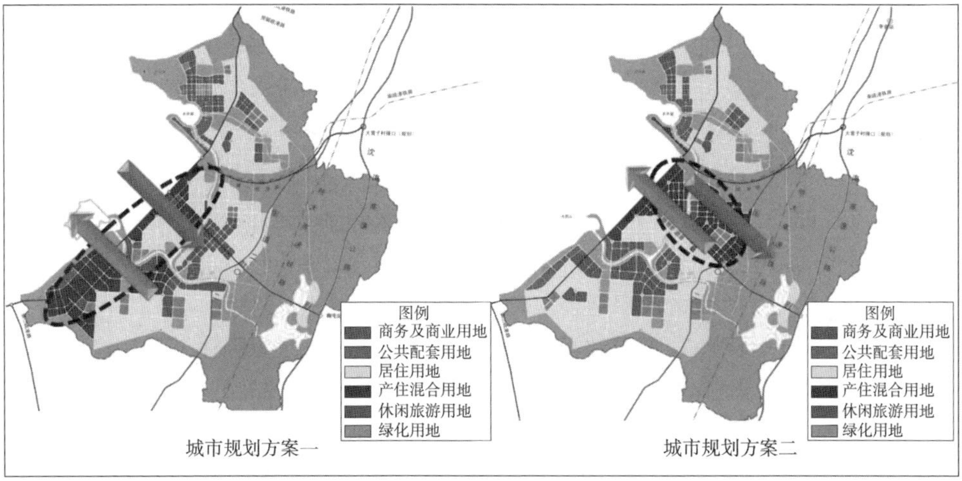

图 3-24　城市规划方案一和城市规划方案二的海岸线资源侵占情况对比分析

5. 小结

综合以上港城用地冲突、港城缓冲区可扩展用地情况、港城交通冲突以及海岸线侵占情况和生态评价等方面的分析,规划方案二在空间布局上更加合理的依据港口布局对城市用地功能进行了调整,规划方案二比规划方案一可以更为有效的避免港城空间冲突。

第四章 港口集疏运规划方法探讨

第一节 规划原则

(1)港口货运、城市交通相对分离,避免客货混行带来的安全隐患、交通拥堵。

(2)注重港城和谐发展,减少港口通道和城市通道的交叉口拥堵。

(3)大力发展海铁联运,通过双层双线电气化铁路提高铁路通行能力,注重铁路和公路协调和衔接。

(4)提高通道保障性,满足不同方向运输需求,构建多方向、大容量的港口集疏运体系。

第二节 港口集疏运体系发展格局

一、运输需求分析

太平湾港区的运输需求主要包括以下三个方面:

(1)后方临港产业以及城市开发带来的运输需求。除传统的钢材、矿建等货类外,其余货类、需求规模与临港产业的类型以及开发进程密切相关。根据《大连太平湾合作创新区起步区产业发展规划(2021—2035)》《太平湾粮油供应链产业园方案》以及《太平湾国土空间规划》,未来太平湾将重点发展粮食加工物流、高端造船及深海装备制造以及风电、氢能等新能源等临港加工工业,届时将主要产生粮食及深加工产品、钢材、机械设备电器(包括零部件)以及集装箱等货类的运输需求。

(2)承接大连湾港区功能调整中服务东北腹地的部分件杂货运输需求,包括部分钢材、大件等货类,其中大连湾港区的部分煤炭运输由于与合作创新区的城市定位不符,故未纳入考虑。具体需求规模视大连湾港区功能调整的推进情况以及因物流组织变化导致的分流影响等综合分析。

(3)服务东北腹地的综合运输需求。综合考虑营口港、盘锦港的基本情况以及太平湾合作创新区的发展定位,太平湾港区宜发展服务东北腹地外溢或新增的内贸集装箱运输需求。具体需结合其他港口的发展情况(辽港整合后各港口实际发展需进行合理统筹)以及腹地运输需求合理确定。

综合分析,未来太平湾港区将以粮食、钢材、矿建、机械设备电器、建材等件杂货以及集装箱等运输货类为主。

二、吞吐量预测

根据太平湾港区功能定位,结合东北腹地经济社会发展情况以及大连港各港区的功能调整,未来太平湾港区将以通用散杂货和集装箱运输为主,货物吞吐量规模有望达到 8000 万 t。远期太平湾港区分货类吞吐量预测结果见表 4-1。

远期太平湾港区分货类吞吐量预测结果　　表 4-1

单位:万吨

货类	合计	外贸	其中:出港	
			小计	外贸
合计	8000	2700	4050	1000
煤炭	1000	400	200	50
粮食	1200	700	400	50
钢材	800	200	500	100
机械设备	600	300	450	220
集装箱重量	2700	450	1800	280
集装箱箱量	180	36	110	25
其他货类	1700	650	700	300

三、集疏运量预测

1. 集疏运格局判断

太平湾位于沈大交通走廊西侧,哈大铁路、哈大高铁、沈大高速、G202、滨海公路等陆路交通十分便捷,其中距沈大高速李官站 12km、鞠屯站 11km,距哈大高铁鲅鱼圈站 28km、老虎屯站 40km,距离大连周水子国际机场 130km。以太平湾为核心的 2h 高速公路交通圈,可以覆盖大连、沈阳、营口、盘锦、鞍山、丹东等辽宁主要城市。以太平湾为核心的 3h 高铁交通圈,可以覆盖沈阳、大连、长春、哈尔滨等东北地区主要城市以及京津唐等环渤海地区城市。

太平湾港区未来集疏运格局的变化,将受以下几个方面因素影响:

(1)服务腹地的变化情况。近远期不同发展阶段,太平湾港区的服务腹地也逐步从后方的临港地区拓展至东北广阔腹地,伴随集疏运铁路的建设进展情况,集疏运格局也逐步从公路占据主导演变为铁路、公路共同分担的格局。

(2)"绿色、低碳"导向下铁路集疏运占比将显著提升。长期来看,公路集疏运比重将呈稳步下降趋势。而铁路运输系统随着客货分流、电气化改造、运输组织的完善等变革创新,铁路货运能力将保持稳步提升,其运能大、节能环保的比较优势也决定了铁路集疏运占比将明显提升。

综合上述分析判断,结合太平湾港区的货类构成情况,未来太平湾港区的集疏运格局仍将以公路运输为主,铁路以及皮带机等占比将大幅提升。

2. 集疏运量预测

根据太平湾港区吞吐量预测结果,远期太平湾港区集疏运量 1.6 亿 t 左右,其中,铁路集疏运量 5300 万 t,占 33%;公路集疏运量 7200 万 t,占 45%;管道、皮带以及水水转运等在内的其他运输方式集疏运量 3500 万 t,占 22%,具体见表 4-1。细分来看,铁路集疏运量中,大连方向约占 5%,太平湾以西以北方向约占 95%;公路集疏运量中,临港产业及大连方向腹地约占 35%,而太平湾以西以北方向约占 65%。远期太平湾港区分货类分集疏运方式比例预测结构见表 4-2。

远期太平湾港区分货类分集疏运方式比例预测结果 表 4-2

货类	铁路	公路	其他
合计	33%	45%	22%
集装箱	22%	68%	10%
其他货类	35%	45%	20%

注:其他货类包括煤炭、粮食、钢材、机械设备等。

第三节 铁路集疏运通道规划方案

太平湾港区疏港铁路主要服务东北腹地货物运输。根据目前太平湾港区铁路服务的方向、大连港内陆货运场站的布点以及哈大铁路的现状和规划情况,即哈大铁路为双线电气化铁路,沿途隧道较多,不能满足双层集装箱运输的需要,对港区铁路支线存在限制问题。但太平湾作为新开发的现代化港口,相关净高应按照双层标准考虑。结合港区规划方案和已有疏港铁路的相关研究,规划南北两条疏港铁路支线。

南疏港铁路支线:自许家屯站接轨,向西上跨沈海高速和G202、下穿哈大高速铁路,与滨海路平交处由红绿灯控制,与第一疏港路交叉处,第一疏港路上跨铁路支线。由于铁路支线和沈海高速、G202以及哈大高速铁路均相交,对港区铁路支线的净空高度都有限制,因此规划港区铁路支线为单层双线电气化铁路。但考虑到未来接轨站改线等限制因素变化,第一疏港路上跨铁路支线的高度按双层电气化铁路所需净空高度7.5m考虑。

北疏港铁路支线:从提高港区铁路集疏运能力、港口集疏运保障性的角度,北侧预留港口发展区单独规划铁路支线。采用双线电气化铁路,自九寨站接轨。由于本阶段缺少地形测量、地质勘探等相关资料,预留北疏港铁路的具体方案需要结合港区远景发展进一步研究。

铁路场站初步方案:港口站承担港口列车到发、交接、解编、集结并向各分区车场或装卸线取送车辆的任务,尽量靠近港口。分区车场承担本分区内的车列到发、取送及调车作业的车场。在第一疏港路北侧、滨海路西侧布置太平湾港口站,自港口站分别引铁路支线进入一港池南、北两岸港口物流区,相应布置分区车场。考虑远期港区铁路集疏运量将进一步提高,建议规划设计阶段铁路线路、场站能力预留1亿t以上。

第四节 公路集疏运通道规划方案

(1)太平湾港区北部规划货运专用通道,作为港区最主要的公路集疏运通道。

结合集疏运体系发展格局分析,太平湾港区公路集疏运量服务太平湾港区以西以北占到65%,因此,太平湾港区至少需要规划一条往北部连接沈海高速、G202的集疏运通道,作为太平湾以西以北货物主要运输通道。从港口货运、城市交通分离，避免客货混行带来安全隐患、交通拥堵的原则出发，太平湾以西以北通道应规划一条货运专用通道，保障疏港高效、安全。

结合港区布置形态、城市规划方案、陆域地形等因素，北部通道尽量靠近港区北侧，减少路径长度，同时避免和城市交通的交叉影响，第一疏港路为货运专用通道，通道等级初步规划为高速公路双向六车道。

(2)永宁大街近期可作为集疏港通道，远期将逐步转换为城市通道。

目前，永宁大街作为集疏港通道正在建设，近期可作为集疏港通道。但是根据临港新城规划，永宁大街两侧主要布置商业区，和商业区交叉路口较多，从港城和谐角度，永宁大街远期将逐步转换为城市通道以及港口客运通道。

(3)港区南部规划第二疏港路，满足不同方向运输需求。

结合集疏运体系发展格局分析，太平湾港区公路集疏运量服务临港产业及大连方向腹地约占35%，从满足不同方向运输需求的角度，在港区南部规划一条集疏港通道。

综合考虑港区形态、陆域地形以及优化的城市方案等因素，对两个路由进行比选，路由1穿越城市，港城交通互相影响，可以作为港区和城市客运车辆通行的通道。路由2能够避开港城交通交叉影响，虽然至G202距离较长，但是路线往南部走，对整体运输距离影响不大。因此选择路由2作为南部集疏运通道。

南部通道集疏运量相对北部通道小，初步规划南部通道为一级公路双向六车道。同时考虑到港区内工作人员和市区内有通勤需要，还有部分办事行政车辆，因此南部通道除货运功能外兼顾行政、客运车辆通行。

(4)港区范围内的滨海路作为横向货运通道，以渤海大道作为客运通道。

根据港区平面布置形态，港区分为几个不同的区域，考虑到港区内部需要横向贯通，有利于港区货物物流组织，规划将港区后方段的滨海路作为港口货运通道；该区段的客运通道将主要依托渤海大道，从而基本实现客货分离。根据滨海路现状和规划情况，滨海路初步规划为一级公路，双向六车道。

考虑功能区陆域纵深、各区域横向贯通，规划布置横向通道横一路，横一路为港内主干道，双向四车道。

根据港区功能区布局和对外集疏运需求，规划形成“三纵两横”的公路对外集疏运通道格局，见图4-1。“三纵”即：第一疏港路、第二疏港路、预留北疏港路，“两横”即：横一路、滨海路。

借助Transcad和Transmodel等交通仿真软件对港区不同集疏运通道方案的适应性进行了分析，研究重点包括：第一疏港路、第二疏港路、横一路的通道规模以及第一疏港路与横一路、滨海路、G202、沈海高速交叉道口的节点形式。根据交通仿真分析结果，提出港区主要公路集疏运通道方案如表4-3所示。

图4-1 港区“三纵两横”通道格局图

港区“三纵两横”公路集疏运通道主要指标表 表4-3

名称	等级	车道数	红线宽度（m）	路基宽度（m）	出入口名称
第一疏港路	高速公路	双向六车道	100	33.5	大营子村
第二疏港路	一级公路	双向六车道	70	33.5	瓦房店
预留北疏港路	高速公路	双向六车道	70	33.5	李官
横一路	主干道	双向四车道	40	15～30	—
滨海路	一级公路	双向六车道	60	36	—

第五节　公路集疏运通道适应性分析

一、基于 TransCad 和 TransModele 的港城交通互动模型

港口是汇集多种运输方式的综合运输枢纽,与港口相衔接的公路、铁路、内河、管道等对外集疏运体系能力及其相互衔接是影响港口整体效率的重要组成部分。虽然近年来港口集疏运体系的建设也取得了长足进步,各种运输方式之间的有效衔接和资源的配置不断完善,但整体上,港口集疏运体系内主要通道能力不足、运输组织不尽合理、港城交通交叉干扰等问题仍较为普遍,逐步成为港口综合运输、港城协调发展的短板,并且随着城市化对港口空间的挤压和海洋、土地、岸线等资源环境约束的不断加剧,集疏运体系建设任务将更为艰巨。目前,交通仿真技术在城市交通规划研究和港口生产作业区内部得到越来越多的应用并日趋成熟,Trans CAD 和 TransModeler 软件在规划城市交通和港口生产作业区内部交通中应用较为普遍。但是,受制于不同规划管理部门、不同的交通运输组织特点等,缺少联合运用 TransCAD 和 TransModeler 综合考虑港口和城市交通互动协同的交通仿真技术应用。

二、建模思路

(1)根据港口规划方案,分析研究规划港口的通过能力,并结合搜集调查其他港口规模和集疏运车辆相关关系,分析港口日高峰小时分配规律,客货车的比例等,根据集疏运比例的研究,确定港口公路集疏运车辆数并细分到各区域产生吸引车辆数;

(2)构建宏观仿真模型,考虑港口和城市过境交通流量的影响,根据通道等级、功能,研究通道的车流量分配,初步判断集疏运通道的拥堵情况;

(3)构建微观仿真模型,具体考虑港口道路特性、交通流构成特性、驾驶员行为特性等影响因素,分析研究集疏运通道和路口的适应性,针对瓶颈路段和路口,在通道等级、路口节点形式等方面提出优化的建议。

集疏运仿真模拟构建思路图见图 4-2。

三、模型构建

1. 宏观仿真模型

基于规划港口影响范围的用地特征,包括港口吞吐量集疏运特征以及港口外

部城市叠加部分居住商业用地产生的交通需求特征,建立四阶段规划需求预测模型,需求预测是路网规划与评价的核心内容,具体包括交通生成预测、交通分布预测、方式划分预测及交通网络分配预测四个阶段。

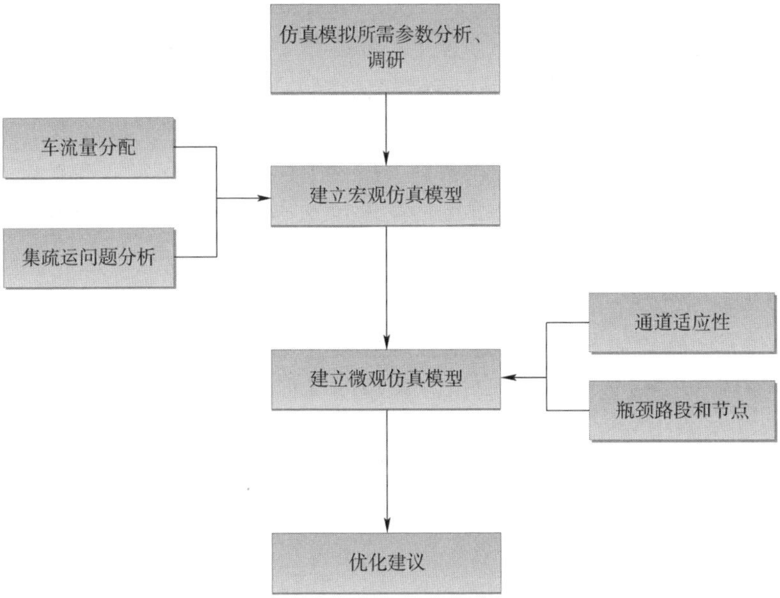

图 4-2 集疏运仿真模拟构建思路图

(1)交通生成预测。

交通生成是交通需求分析工作中最基本的部分之一,目标是求得各交通分区的产生(Trip Production)与吸引出行量(Trip Attraction),主要过程包括交通产生/吸引模型建立、交通产生/吸引预测、产吸平衡等三个部分。

(2)交通分布预测。

交通分布预测主要是建立各个交通分区之间交通量交换的定量关系。通过交通模型辅助决策支持系统取得相关的交通数据后,利用交通分布的经典模型(增长系数法和重力模型法)对交通进行相关的预测。

(3)方式划分预测。

交通方式划分预测是一项复杂的技术,受交通出行者经济水平、年龄特征,各种交通运输方式出行成本和交通设施服务水平以及交通政策等诸多因素影响。需要从交通模型辅助决策支持系统中取得相应的交通数据,并结合相应的预测方法或是模型进行相应的量化分析。

(4)交通网络分配预测。

交通网络分配是需求预测的最后一步,是指将各分区之间的出行分布量分配到交通网络的各条边上去的工作过程。

交通分配辅助决策借助分配模型可以将现状 OD 量在现状交通网络上分配,以分析目前交通网络的运行状况,也可以将目标年的 OD 量在现状交通网络上分配,以发现对目标年的交通需求以及现状交通网络的缺陷,为后面交通网络的规划设计提供依据,还可以将目标年 OD 量在规划交通网络上分配,以评价交通网络规划方案的优劣。

基于需求预测模型,预测未来年港区外部影响范围内的交通需求量,交通分布,出行方式以及交通分配,为仿真建模提供基础。

2.微观仿真模型

(1)仿真模型机制与港口交通系统规划紧密对应。

对港口道路网进行交通仿真,建立的微观仿真模型以交通系统最基本的要素如单个的车辆、车道、信号灯为建模单元,能准确、灵活地反映各种道路和交通条件的影响。仿真模型对系统内各基本要素的变化规律和相互作用关系的描述与系统的实际运行过程紧密对应,有利于形成灵活性和柔软性较强的模型机制。

(2)真实再现港口规划道路交通状况便于进一步发现问题。

交通仿真技术可以有效地体现交通流的随机因素,按设想要求实现交通状况的重现,从而大大降低现场实验要求,现已成为分析各种交通参数和优化交通控制等研究的有力工具。在港口道路交通仿真中可以考虑交通设计、交通控制、紧急疏散,特别是港区闸口、对外通道、对外重要节点以后的影响,从微观上进一步发现港口集疏运系统所存在的问题,并寻找解决对策。

(3)对规划期的功能布局方案作直观的量化分析和评价。

根据规划期的布局方案和交通规划方案,通过辅以一定的交通管理和组织方案,可以更加直观的得出规划期布局方案下的交通分配和分布状况,找出路网可能存在的瓶颈节点,从而制定对应的措施对布局方案和规划方案进行验证、改进或优化。

(4)交通规划设计备选方案的仿真实现及评价。

在港口道路交通需求预测和综合交通、货运体系及货运枢纽场站适应性分析的基础上,给出了港口道路交通规划指导及对策。交通仿真能把未来的交通需求及交通管理与组织方案仿真实现,并对瓶颈节点进行评价分析,从而进一步完善备选方案。

(5)方便的针对规划关注区域进行调整和开展方案比较。

借助于计算机技术,通过良好的用户输入输出界面,模型的运算结果可方便地与用户交互,增强了模型应用的实用性和方便性。仿真结果的动画演示的直观性使得即使是非专业人员也能很容易理解。基于交通仿真的模型,可以很便捷的针对港口外部重点关注的通道和节点问题进行细部的仿真研究,通过对若干类改善方案进行仿真测试和结果分析,可以更加方便和准确的提出优化的改善方案。

3. 数据需求

(1)港口集疏运数据分析。

结合吞吐量预测港口的分运输方式集疏运量;结合运输特点包括集卡、货车载重吨、空载率等计算交通量;通过分析现有车辆高峰小时分布和参考相关研究计算日平均交通量和高峰小时交通量。

(2)城市叠加需求分析。

城市叠加需求主要考虑港区集疏运量与未来规划城市交通量的叠加需求分析。

①用地规模。规划期内,区内陆域及水系总用地面积,根据城市发展需求,合理确定城市用地各项指标。

②规划人口。规划期内的人口规模。

③空间布局。结合港口、产业设施及重大基础设施布局,各功能区的空间分布。

④城区交通需求预测。根据城区人口规划,人口平均日出行量及高峰出行量。

(3)其他数据。

①规划方案路网数据。包括道路网走向,路网等级(快速路、主干路、次干路、支路),路网宽度与车道数(红线宽度或车道数量),是否为内部货运专用道路。

②规划方案节点数据。规划路口中是否包含立交路口,是否包含信号控制路口等。

③规划方案用地数据。规划用地控制性详细规划(地块类型,用地面积,用地特征,建筑面积),装卸货场位置与规模,集装箱场站位置与规模,物流企业位置与规模。

④其他类似港口吞吐量规模,港口进出车流量24h分布特征;港口进出车流量日分布。

⑤类似港口船舶到港规律(到港时间,装卸货时间,货运车辆如何组织,货运车辆如何运输等);内贸外贸船舶到港装卸货规律;杂货运输规律。

⑥装卸货场、集装箱货场与港区物流企业高峰客车与货车车辆产生量。

⑦集疏运交通组织方案,主要货运场站规划出入口,车辆运行主要流线。

四、评价方法

1. 宏观仿真模型

根据《公路路线设计规范》公路服务水平分为四级,负荷度 V/C 是在理想条件下,最大服务交通量与基本通行能力之比,即车流量/道路通行能力。拥挤程度评价标准如表 4-4 所示。

宏观模型拥挤程度评价标准　　表 4-4

负荷度	评价等级	文字评价
0.85 ~ 1	四级	拥堵
0.65 ~ 0.85	三级	缓慢
0.32 ~ 0.65	二级	良好
0 ~ 0.32	一级	畅通

2. 微观仿真模型

通道评价方法是平均速度,具体评价标准如表 4-5 所示。路口的评价方法是平均延误时间,具体评价标准如表 4-6 所示。

路段评价标准　　表 4-5

平均速度	文字评价	服务水平	是否可接受
0 ~ 24	交通阻塞	F	不可
24	车流不稳定	E	不可
24 ~ 32	车流不太稳定	D	不可
32 ~ 40	车流稳定有延迟	C	尚可
40 ~ 50	车流稳定稍有延迟	B	可接受
> 50	车流畅通	A	可接受

路口评价标准　　表 4-6

平均延误(秒)	文字评价	服务水平	是否可接受
> 85	交通阻塞	F	不可
60 ~ 85	车流不稳定	E	不可

续上表

平均延误(秒)	文字评价	服务水平	是否可接受
35～60	车流不太稳定	D	不可
20～35	车流稳定有延迟	C	可接受
10～20	车流稳定稍有延迟	B	可接受
0～10	车流畅通	A	可接受

五、仿真模拟结果

1. 初步规划方案

(1)宏观仿真结果。

宏观仿真结果如图 4-3 所示,可以看出大部分车流量分布在第一疏港路,第一疏港路较为拥堵。同时港区内个别路段较为拥堵,例如横一路,第二疏港路、永宁大街、滨海路等通道通畅。主要通道负荷度见表 4-7。

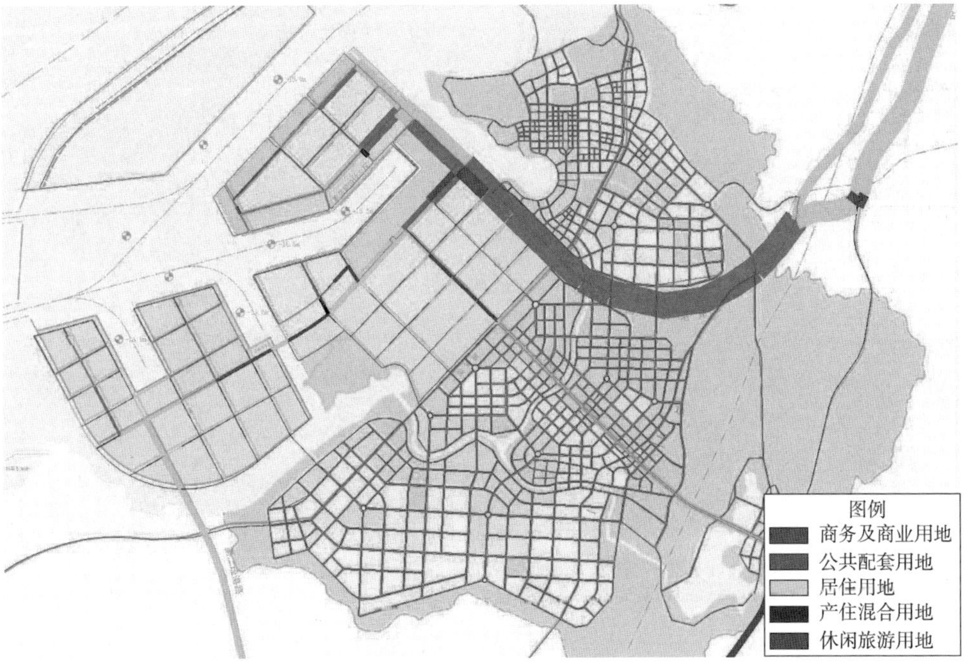

图 4-3 集疏运通道宏观仿真结果图

主要通道负荷度 表 4-7

道路	单向流量[辆(标准车)]	负荷度	评价
第一疏港路	6111	1.03	拥堵
第二疏港路	1108	0.37	良好
永宁大街	1199	0.40	良好
滨海路	820	0.27	畅通

(2)微观仿真结果。

路网微观仿真结果如图4-4和表4-8所示,各主要通道仿真结果见表4-9。主要路口仿真结果见表4-10、图4-5和图4-6。

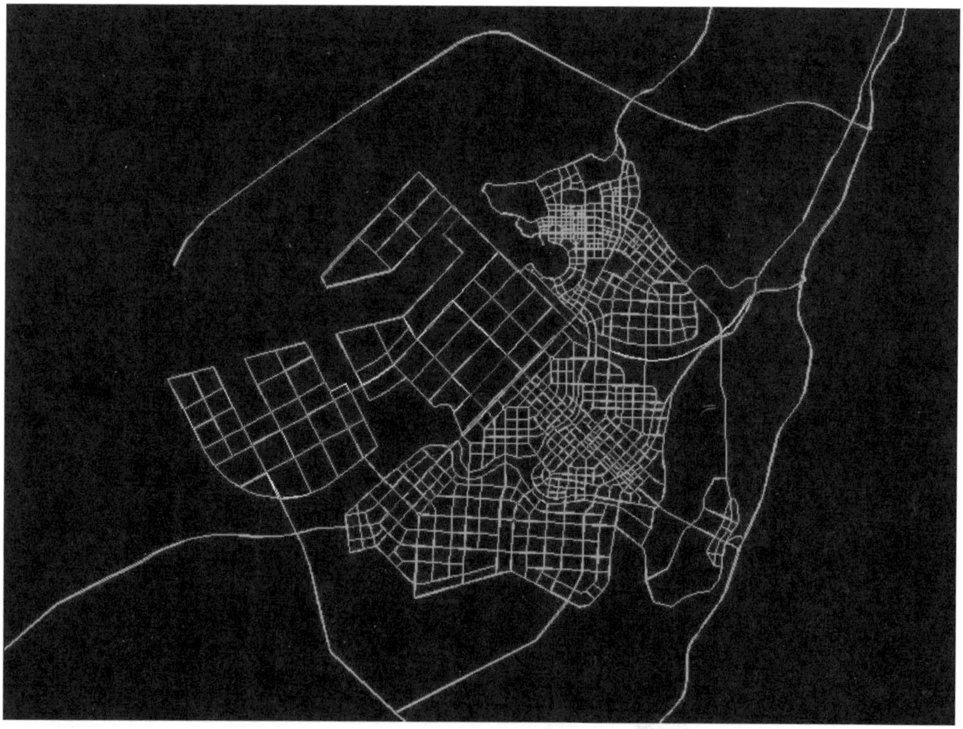

图4-4 微观仿真结果图(六车道平交)

路网仿真计算结果(六车道平交模型) 表4-8

统计项目	值	单位	评价
高峰小时车辆总数	5592	辆	—
平均出行距离	19.8	km	—
平均出行速度	28.2	km/h	缓慢
平均出行时间	34.1	min	—
平均延误时间	22.7	min	缓慢
平均停车次数	20.5	次	缓慢

注:从统计指标可以看出,平均延误时间过长,拥堵较为严重。

主要通道仿真计算结果(六车道平交模型) 表4-9

通道	单向流量(辆)	平均速度(km/h)	服务水平
第一疏港路	1780	28.5	D
第二疏港路	564	54.7	A
永宁大街	545	38.8	C
滨海路	788	46.6	B
横一路	711	48.5	B

主要路口仿真计算结果(六车道平交模型) 表4-10

通道	单向流量(辆)	平均延误(s)	排队长度(km)	服务水平
第一疏港路与G202	6043	158	1.5	F
第一疏港路与滨海路	5212	166	1.3	F
第一疏港路与横一路	9877	182	1.78	F
滨海路与永宁大街	2435	55	0.33	E
滨海路与第二疏港路	1879	53	0.33	E

注:从统计指标可以看出,第一疏港路早高峰各个路口平均延误达到了2min,服务水平均在F,呈现拥堵状态。

(3)综合分析。

第一疏港路为高速公路双向六车道,各路口采用平交形式,主要通道适应性研究结论如下:

①第一疏港路在宏观仿真中显示为拥堵,在微观仿真中作为重点研究的通道,从仿真指标来看,平均车速仅为28.5km/h,服务水平为D,车流不太稳定,如果遇

到事故很可能造成整条道路崩溃,不可接受。第二疏港路服务水平达到 A,永宁大街为 C,滨海路和横一路服务水平均为 B,通道的服务水平均可接受。

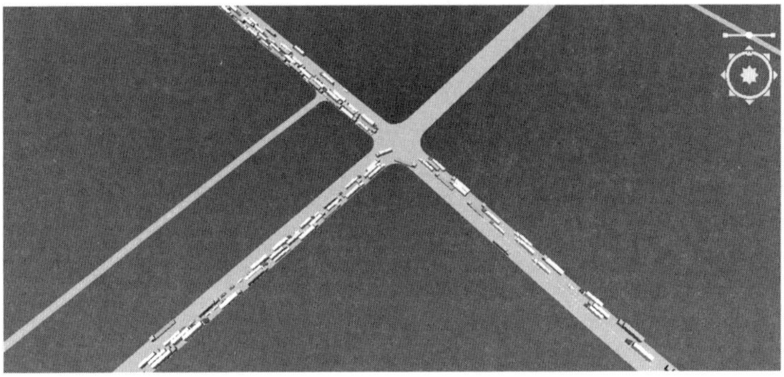

图 4-5　第一疏港路和滨海路路口仿真结果图

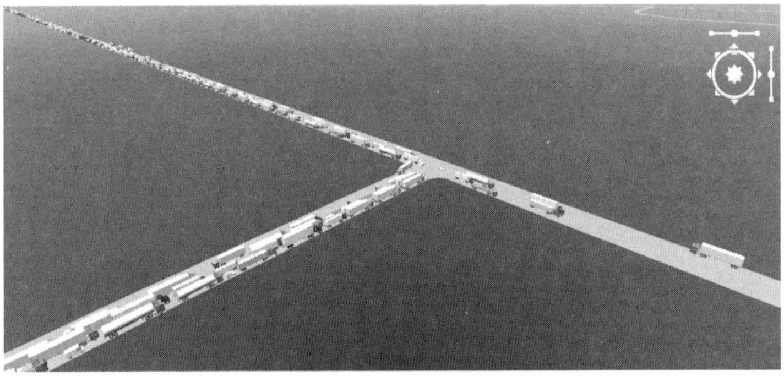

图 4-6　第一疏港路和横一路路口仿真结果图

②由于各个路口均采用平交的形式,各路口的服务水平不理想。其中,第一疏港路和 G202、滨海路、横一路服务水平均为 F,即阻塞状态,不可接受。第二疏港路和滨海路,永宁大街和滨海路两个主要路口的服务水平稍微好一点,达到 E,但车流不稳定,也不可接受。

③综合考虑主要通道和路口的服务水平,可以发现规划的瓶颈路段是第一疏港路。由于其本身车流量较大,同时和其他通道的节点较多,路口采用平交形式,阻塞情况严重。建议采用拓展第一疏港路车道数量或者在第一疏港路和 G202、滨海路、横一路路口节点处建设立交两个优化方案研究集疏运通道的适应性。

在上述研究结论的基础上,考虑到未来预留发展区存在一定不确定性,一部分车量存在通过第一疏港路集散的可能性,因此还要考虑第一疏港路集疏运量增加后规划集疏运通道和路口的适应性。

2. 优化方案研究

根据初步方案适应性研究存在的问题,下面将对通道方案进行优化,并进一步通过仿真模拟研究通道的适应性。优化方案一在第一疏港路集疏运量不变的情况下,拓展第一疏港路车道数;优化方案二在在第一疏港路集疏运量不变的情况下,将第一疏港路与主要通道路口由平交改为立交。

(1)优化方案一。

第一疏港路拓展至八车道,各路口仍采用平交形式。从仿真结果看,将第一疏港路拓展至八车道后:第一疏港路服务水平由D提高到B,车流稳定稍有延迟,其他通道服务水平基本不变,均在可接受范围,但是通道改善情况没有建设立交形式好。从路口服务水平来看,服务水平略有提高,其中第一疏港路与G202以及横二路的路口服务水平由F提高到E,滨海路与永宁大街以及滨海路与第二疏港路路口服务水平由E提高至D,但是整体上路口服务水平均处于D至F状态,即车流不太稳定甚至阻塞,路口方案不可接受。路网微观仿真结果如图4-7和表4-11所示,各主要通道仿真结果见表4-12,主要路口仿真结果见表4-13、图4-8和图4-9。

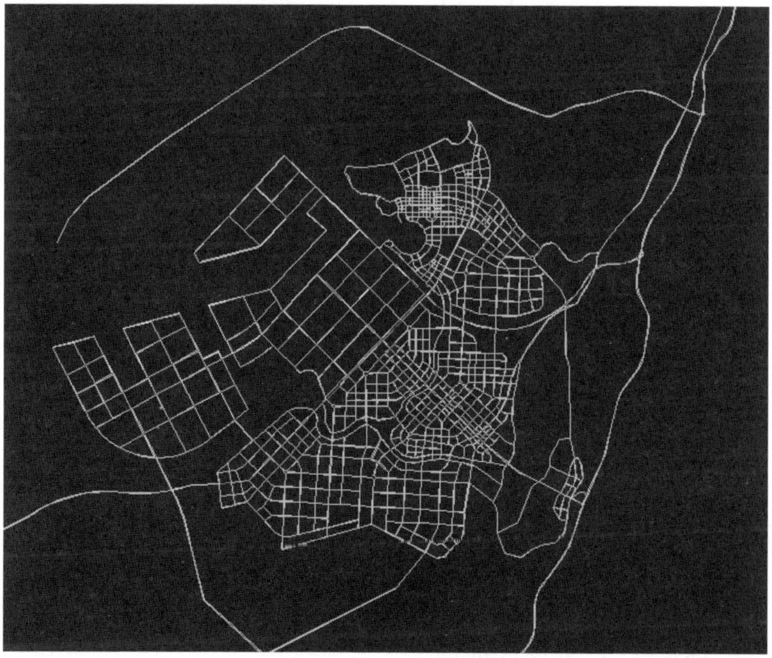

图4-7　集疏运微观仿真结果图(八车道平交)

路网仿真计算结果(八车道平交模型)　　表 4-11

统计项目	值	单位	评价
高峰小时车辆总数	5592	辆	—
平均出行距离	19.9	km	—
平均出行速度	42.2	km/h	缓慢
平均出行时间	32.2	min	—
平均延误时间	14.9	min	缓慢
平均停车次数	13.2	次	缓慢

注:从统计指标可以看出,平均延误时间 15min,运行缓慢。

主要通道仿真计算结果(八车道平交模型)　　表 4-12

通道	单向流量(辆)	平均速度(km/h)	服务水平
第一疏港路	1780	40.4	B
第二疏港路	564	57.8	A
永宁大街	545	39.8	C
滨海路	788	47.6	B
横一路	711	49.5	B

注:从统计指标可以看出,第一疏港路服务水平为 B,运行稳定。

主要路口仿真计算结果(八车道平交模型)　　表 4-13

通道	单向流量(辆)	平均延误(s)	排队长度(km)	服务水平
第一疏港路与 G202	6043	69.3	0.45	E
第一疏港路与滨海路	5212	115	0.79	F
第一疏港路与横一路	9877	126.1	0.98	F
第一疏港路与横二路	3233	50.9	0.55	E
滨海路与永宁大街	2435	43	0.3	D
滨海路与第二疏港路	1879	41	0.3	D

(2)优化方案二。

第一疏港路仍为双向六车道,与 G202、滨海路、横一路均采用立交形式,各种立交形式优缺点比较见表 4-14。综合考虑不同立交形式占地、建设费用、车辆通行的安全性等因素,结合各通道交通量主要方向,考虑第一疏港路与 G202 采用定向式立交,第一疏港路与滨海路采用菱形立交,第一疏港路与横一路采用定向式立交,下阶段可根据用地情况等进一步研究各路口的立交形式。

图 4-8 第一疏港路和滨海路路口仿真结果图

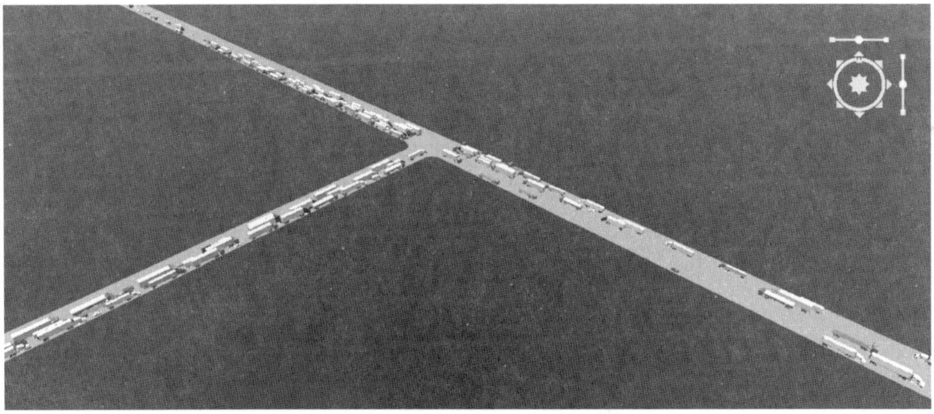

图 4-9 第一疏港路和横一路路口仿真结果图

各立交形式优缺点对比 表 4-14

立交形式	优点	缺点
喇叭口立交	①1 座桥解决了交织,简单易行; ②便于高速公路收费管理; ③造价便宜	①平交口一端交织严重; ②转弯半径较小,通行速度受限
双喇叭口立交	解决了两个方向的统一收费问题	①复杂、仅作为收费使用; ②转弯半径小,通行速度受限

续上表

立交形式	优点	缺点
定向式立交	①更为完备的互通式立交,各转弯方向或主要转弯方向有直接专用匝道,转弯行驶直接方便; ②收费管理方便; ③转弯半径较大,通行速度较快	①立交桥多,结构复杂,投资较大,在城市中修建与环境不易协调,主要用于高速公路上; ②造成占地面积较大,造价提升
苜蓿叶立交	①用于城市立交,占地较少; ②全互通,结构对称,可以解决所有方向左右转问题; ③解决机非混行问题; ④适应性强,可以根据地形拓展	①收费管理不方便; ②转弯半径小,通行速度受限,在公路上如果转弯半径过大,造成占地面积较大,造价提升
定向式苜蓿叶	定向立交与苜蓿叶立交结合	①收费管理不方便; ②转弯半径较小,通行速度受限,占地面积较大,造价提升,可以配合用地特征使用
菱形立交	①进出口易于识别; ②占地面积小,造价低	①收费管理不方便; ②转弯半径较小,通行速度受限

从仿真结果看,采用立交形式后:第一疏港路平均速度为58.2km/h,服务水平由D提高到A,通行顺畅。第二疏港路服务水平仍为A,永宁大街服务水平由C提高到B,滨海路服务水平仍为B,横一路服务水平由B提高到A。即第二疏港路、横一路道路通畅,永宁大街和滨海路车流稳定稍有延迟。从路口服务水平来看,由于平均延误降低,服务水平均提升,其中第一疏港路与其他通道路口服务水平均由F提高到A,车流顺畅,滨海路和永宁大街路口、滨海路和第二疏港路路口的服务水平由E提高到C,可接受。路网微观仿真模型如图4-10所示。其路网仿真计算结果见表4-15,各主要通道仿真计算结果见表4-16,主要节点路口仿真计算结果见表4-17和图4-11和图4-12。

图 4-10 集疏运微观仿真结果图(六车道立交)

路网仿真计算结果(六车道立交模型) 表 4-15

统计项目	值	单位	评价
高峰小时车辆总数	5592	辆	—
平均出行距离	23.2	km	—
平均出行速度	46.4	km/h	畅通
平均出行时间	30.3	min	—
平均延误时间	10.6	min	良好
平均停车次数	9.4	次	良好

主要通道仿真计算结果(六车道立交模型) 表 4-16

通道	单向流量(辆)	平均速度(km/h)	服务水平
第一疏港路	1782	58.2	A
第二疏港路	513	59.2	A
永宁大街	536	48.8	B
滨海路	738	47.8	B
横一路	645	51.2	A

注:从统计指标可以看出,主要通道平均运行速度,服务水平均在较高水平,该方案对整体改善情况较为明显。

主要路口仿真计算结果(六车道立交模型)　　表 4-17

路口	单向流量（辆）	平均延误（s）	排队长度（km）	服务水平
第一疏港路与 G202 立交	—	—	—	A
第一疏港路与滨海路立交	—	—	—	A
第一疏港路与横一路立交	—	—	—	A
滨海路与永宁大街	1987	23.8	0.05	C
滨海路与第二疏港路	1783	33.7	0.08	C

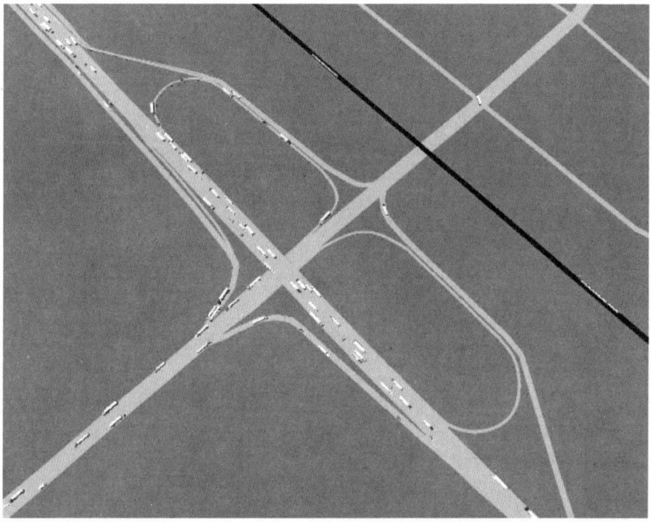

图 4-11　第一疏港路和滨海路路口仿真结果图

图 4-12　第一疏港路和横一路路口仿真结果图

(3)小结。

优化方案一中第一疏港路采用双向八车道,与其他路口采用平交形式,第一疏港路车流稳定稍有延迟,第一疏港路与各平交路口的整体服务水平有所提高,但仍时有阻塞情况发生;第一疏港路采用双向六车道,与G202、滨海路、横一路交叉路口采用立交形式,第一疏港路通行顺畅,第一疏港路与其他通道路口服务水平较好。因此,推荐优化方案二。

第五章 生态港口规划方法探讨

第一节 规划思路

一、规划愿景

生态港口规划应借鉴区域生态环境的历史变迁经验，充分尊重生态环境的发展规律，明晰港口资源、社会经济、生态资源三大系统内在联系，从顺应自然、修复自然、打造自然、融入自然的角度实现生态港口规划，为包括人类在内的生态系统创造适宜发展的环境。

二、规划内涵

目前生态港的定义繁多，并未形成共识，但其核心内涵均体现了可持续发展理念。为此，从规划角度出发，将其内涵表述为：根据生态经济学、景观生态学、港城关系理论与可持续发展原理，充分利用区域特有的生态要素和生态环境，在港口空间布局规划中融入生态理念，构建“港口—人—自然—城市”和谐相处的生态环境系统，与自然生态环境和谐共存。

三、规划原则

许多港口在前期规划中尤其在空间布局层面并没有体现与生态融合的现代港口规划理念，在其开发建设中不可避免地对自然环境有一定的影响。相对而言，国外发达国家一些港口在规划阶段较为全面地考虑了生态系统与港口系统之间的关系，在港口建设中尤为注重生态建设与修复，在以自然恢复为主的同时，辅助以人工修复，在重点生态功能区、生态环境敏感区和脆弱区等区域划定生态红线，确保生态功能不降低、面积不减少、性质不改变，避免或大幅减小了港口对生 态的影响。因此，生态港口规划应贯彻“生态保护优先、补偿修复为辅”的原则，实现港口建设与自然环境融合发展的目标。

四、技术路线

充分借鉴生态经济学、景观生态学、可持续发展以及港城等相关理论研究成果，在符合规划原则的条件下，有机结合生态系统与经济系统，从顺应自然、修复自然、打造自然、融入自然的角度考虑生态港口规划功能的实现。基于此，旨在实现以下五项主要发展目标：

(1)识别关键生态要素，筑牢港城生态安全屏障。

在规划初期，应识别区域关键生态要素，综合考虑港区功能与关键生态要素的合理共存；对于山水林田湖生态区域，应尽可能恢复、重塑，提升森林、河湖、湿地、海洋等自然生态系统稳定性和生态服务功能，使之成为港口与城市之间的生态安全屏障。

(2)保持港池水体生态自净能力，建立多通道水体交换空间。

在自然状态下，近岸的水域有较强的海流、潮汐等诸多水动力因素，可以保持较好的水体交换，海洋自净能力和生态承载能力较强。但是在过去港口开发的历史中，由于要优先保证港口功能实现，减少波浪、水流等自然条件影响，增加码头岸线资源，港区泊位布置较多的采用了环抱式港池形式，该种港口布置形式进出潮流通道大部分只有一个口门，相比自然状态，水体交换能力弱化，港池内水体环境容量和港区周边生态承载力大幅下降。

港口规划应更多关注港区水质问题，利用水域潮流、波浪、地形等自然条件特点，尽量构建多通道水体交换空间，保持一定的海洋自净能力，有效维持港区水域生态承载力。

(3)海岸线功能开发多样化，打造港城共用型滨水岸线。

作为水、陆域空间结合的重要载体，滨水岸线的开发和利用是港口功能实现的重要途径之一。然而在大部分新港区开发进程中，随着“以港兴城”历程推进，港城矛盾往往愈发明显。一方面，随着港口吞吐量的增加，港口泊位占用沿海岸线的比例需不断扩大，港口对于岸线的需求逐渐增加；另一方面，由于城市生活水平的提高，经济中心逐渐向海测偏移，城市居民对于临海岸线的诉求越来越强烈，临近城市带来的水体、粉尘、噪声等环境等问题也影响着城市的正常生活。

生态港口应兼顾港口功能与城市生活需求，着重考虑有限空间内的优良深水岸线使用，力求空间岸线尺度上聚焦港口功能与城市功能，为港区 与城市融合发展注入新理念。

(4)保留、改造、修复潮间带，建设和谐友好型近海生态廊道。

港口的迅速发展推动了区域经济发展，但港口的建设也极大地改变了包括潮间带在内的近岸海域生态环境。作为潮汐过程中的海陆交汇处，潮间带面积狭窄，栖息动植物种类多，生境类型多样化，自然生产力强，是自然界赋予人类极为宝贵的天然财富。

近年来，我国对于潮间带生态修复逐渐重视。在吸收我国港口快速发展经验的同时，也应避免过去粗放型围填海等大规模无序扩张模式，防止潮间带遭到不可逆性破坏，前瞻性的预留潮间带发展区域，提前规划好港口功能布局，将其建设成为和谐友好型生态廊道。

(5)保留并补偿河流、湿地与山体等相关区域，构建多维度的异质性港口区域生态系统。

在新时代的港口发展形势下，在保证传统港口功能实现的同时，区域发展开始更多的关注港口区域生态环境的转变。因此在本研究中，将借鉴景观生态学相关理念，避免港口区域建设同质化，重点突出河流、湿地、山体、绿地与人类建筑共存发展的空间异质性和边界交换效应，聚焦于更大空间和时间尺度上的港口生态系统空间异质性格局和生态演化过程，从而构建多维度的异质性港口区域生态系统。

第二节　生态港口规划方案研究

一、识别关键生态要素

1. 生态现状

(1)海蚀崖、沙滩。

太平湾海岸为岬湾沙质海岸类型，自南向北分布有红石咀、打狗咀子、将军石、长咀子、太平角、白沙山、仙人岛和鲅鱼圈等多个岬角。由于受常年海水波浪作用及重力崩落作用，基岩岬角发育有海蚀崖和海蚀平台等地貌，形成了具有较强景观价值的断层节理或层理面，如仙人岛、太平角、将军石等，岬角之间海岸动力较弱，泥沙在波浪的作用下向湾顶运移，发育形成沙滩，规模较大的有太平湾和白沙湾，其中白沙湾为以海域风光为主的辽东湾著名风景海滩。辽东湾海岸海蚀崖和沙坝地貌见图 5-1。

a) 太平角海蚀崖　b) 将军石海蚀崖和海蚀柱

c) 白沙山北侧水下沙坝　d) 华铜附近白沙湾顺岸沙坝

图 5-1　辽东湾海岸海蚀崖和沙坝地貌

(2)山地。

太平湾两侧分布有辽东湾东部丘陵地貌,其中东北侧陆域地势较高,靠海测海拔相对较低。距湾较近的太平角一带丘陵地带植被茂密,山峦起伏,分布有大望山、大顶子山等山体,海拔高度 150 ~ 250m,湾的东侧和南侧地势较低,海拔高度 10 ~ 20m,相对较高的大西山低丘海拔高度 50m 左右。

(3)潮间带。

潮间带指大潮期间的最高潮位和大潮期的最低潮位间的海岸。从太平湾海岸近期演变来看,2009 年前,太平湾海域的岸线基本为自然基石岸线,保留着生态的原始形态,2009 年后,大部分转变成人工养殖岸线和人工围填海岸线,近海海水严重偏营养化,潮间带自然生物链遭到破坏,生态环境受到极大影响。

从实测资料来看,永宁河河口潮间带区域宽 300 ~ 1000m,土城河口潮间带区域宽约 200 ~ 500m,面积总计约 34.93km^2,占两湾面积 40% 以上,目前已基本遭到破坏,其中人工建设占用区域已基本不可恢复,可恢复面积约 30km^2。

(4)河流、湿地。

太平湾入湾区域内主要有土城河与永宁河,如图5-2所示,两河流域面积较小,具有较为明显的季节性,其中永宁河流域起源于土城乡李大屯东枣房北山,集雨面积158km²,长度约34.6km,土城河流域起源于李宜孤家子南山,集雨面积31.4km²,长度约8.2km。河口区域受潮汐影响,咸淡水交汇,两河与海湾交会处均发育有湿地区域。

图5-2 土城河、永宁河局部景观

(5)潮流。

太平湾所处的辽东湾东岸海域潮流呈往复流运动,潮流运动方向与辽东湾东侧岸线走向基本一致,涨潮流指向NNE方向,落潮指向SSW方向,辽东湾东岸海域流场图见图5-3。潮流在近岸运动受岸线和地形变化影响,岬角水域存在明显挑流,岬角间的海湾内则多为弱流区,同时在岬角背流侧水域内有局部环流发育。太平角附近的沙脊水域处由于受滩槽交错地形影响,潮流运动主要沿浅脊间的深槽走向,局部水流略有摆动。

辽东湾东岸海域潮流总体分布具有外海及岬角水域流速较高、近岸及湾内水域流速较低的特点,例如仙人岛防波堤岬角附近挑流作用明显,流速相对较大,大潮全潮平均流速可达0.6m/s以上;太平湾、白沙湾等湾内流速相对较小,大潮全潮平均流速约在0.2~0.4m/s。辽东湾东岸海域大潮全潮平均流速等值线见图5-4。

(6)水质。

太平湾海域海水水质主要的污染因子为Cu、无机氮和石油类;其中Cu和石油类满足三类海水水质标准,无机氮部分站位超过四类海水水质标准。

本海域水质污染超标的原因:小潮期海水循环较为缓慢,受海域现有养殖区影响,主要的污染因子是无机氮;大潮期海水循环较剧烈,受周边海域的海水循环影响,主要的污染因子是石油类。

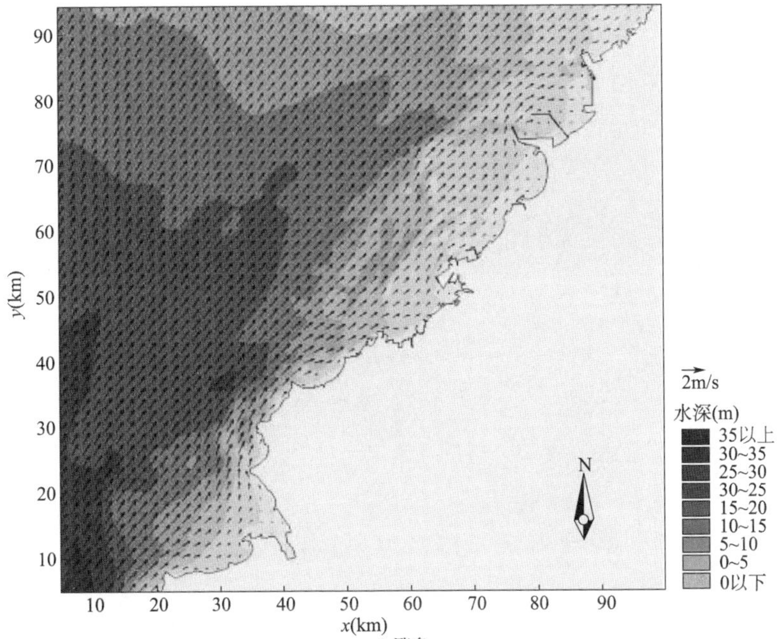

a) 涨急

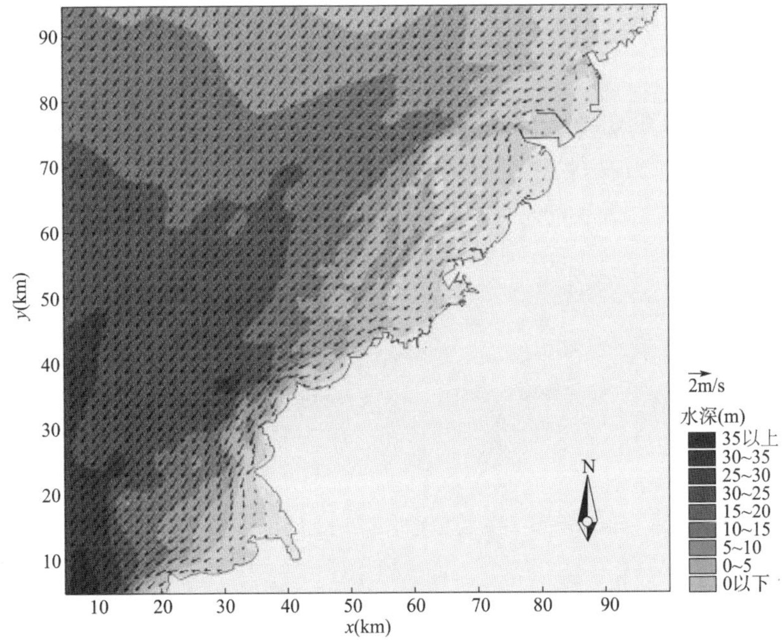

b) 落急

图 5-3　辽东湾东岸海域流场图

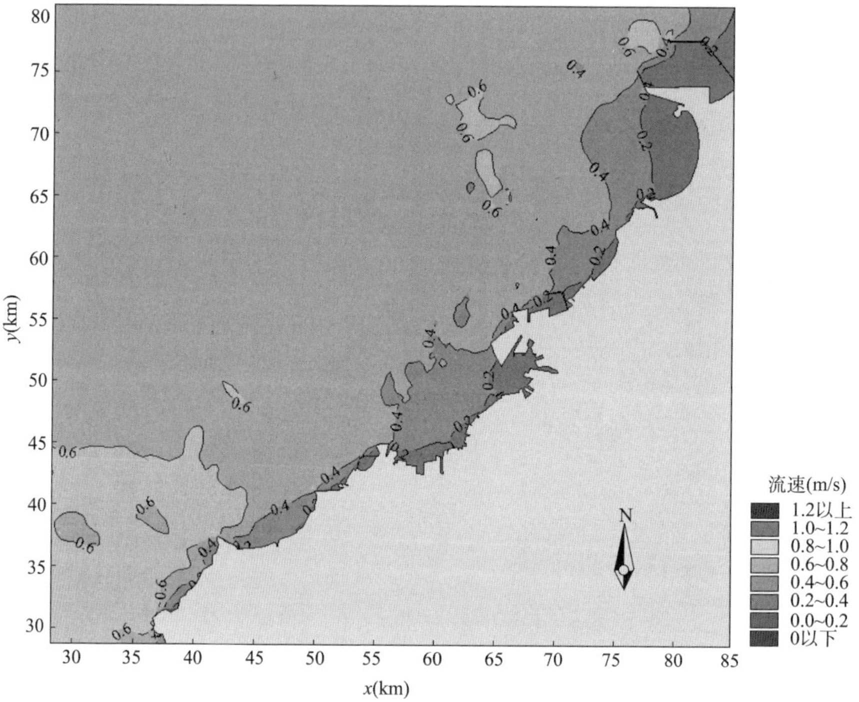

图 5-4　辽东湾东岸海域大潮全潮平均流速等值线

（7）风场。

太平湾区域全年常风向为 SSE，出现频率为 21.15%，次常风向为 S 向，出现频率为 18.12；强风向为 NNW，7 级大风出现频率为 0.08%，次强风向为 N 向，6 级风出现频率为 0.24%。太平湾站风玫瑰图见图 5-5。

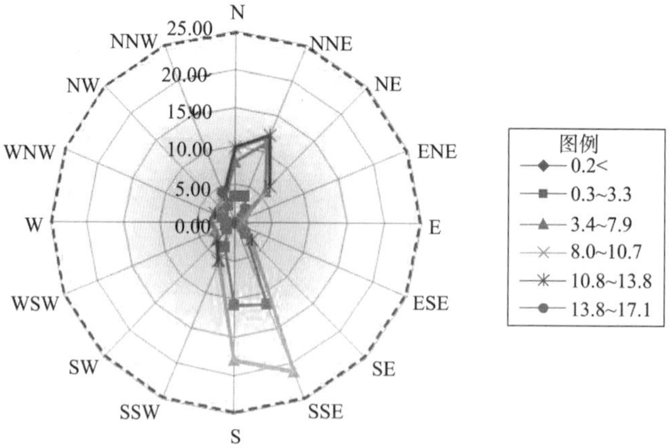

图 5-5　太平湾站风玫瑰图

本区年平均风速为3.75m/s,月平均风速最大值为4.5m/s,出现在11月,最小值为2.9m/s,出现在7月。年内各月平均风速见表5-1。

年内各月平均风速 表5-1

月份(月)	6	7	8	9	10	11	12	1	2	3	4	5
风速(m/s)	3.8	2.9	3.4	3.0	3.8	4.5	3.9	4.0	3.9	3.9	3.9	4.1

注:上表内观测统计资料为2013年6月至2014年5月。

2.生态要素

(1)近岸海域水体。

从过往世界港口发展历史来看,百年大港大都为生态友好型港口,与社会经济、生态资源都保持相融相成的关系。作为大连渤海翼未来经济发展的新增长极,太平湾港区肩负大连港未来百年发展的重任,保持良好的近岸水体生态环境是太平湾港区持续发展的必然要求。

由于规划港区范围内存在着斑海豹保护区、作业渔场等关键性影响因素,因此,本研究应严守区域环境底线,避免与关键性影响因素发生冲突,在实现港口功能的同时,着重研究港区空间布局形式,力求保持近岸水体的自净能力,达到经济与环境协调发展。

(2)潮间带。

由于研究区域范围内潮间带区域基本已遭到破坏,本研究将重点考虑重塑已破坏、可恢复的潮间带,对生态系统进行适当生态补偿,打造为微生物、动植物的栖息场所,将濒临区域发展为自然、港口、城市相互融合的生态走廊。

(3)河流湿地。

作为未来联接港口与城市的重要廊道,河流及上下游湿地为人类和生物提供了重要的生活和栖息场所。由于港口后方基础设施建设将占用或影响到部分自然区域,因此为保证动植物栖息的稳定性,港区建设应尽量保证规划区域内河流水系斑块的连续性,保护好与潮间带相连的下游河口湿地,集疏运网络应避免侵蚀上游水系的的完整性,适当补偿并改造上游水系湿地,使之涵养水源、维持生态平衡。

(4)山体绿地。

目前太平湾区域内有较为丰富的森林绿地资源,为植物、森林动物生长提供了充足的食物资源和栖息场所,以大西山与太平角为代表的山体更是为太平湾构建了从海洋-山峦-平原的多层次滨海地形。本区域规划建设在考虑港口功能、城市功能、集疏运功能以及相关配套功能的同时,应避免区域建设同质化,重点考虑保留以大西山、大望山和大顶子山等为核心的滨海山林绿地生态系统,为未来港城发展预留自然风光带。

综上分析,太平湾生态港口规划通过对近岸海陆域生态环境的分析,识别了规划区域内近岸海域水体、潮间带、河流湿地和山体绿地等关键要素。

二、生态港口空间布局

围绕太平湾海域近岸潮流场、潮间带、土城河、永宁河及河口湿地、大望山、大西山等关键生态要素,按照"保护优先、生态修复、可持续发展"为主的原则,形成"一轴两廊四区一中心"的生态港口空间布局形态。

(1)一轴:采用岛式布置理念改善港池水体环境,构建太平湾港区水生态主轴线。港口核心功能大部分在近岸海域实现,因此在实现港口功能同时,力求使港口功能覆盖范围内水体循环充分,保持必要的海洋自净能力。因此,生态港口规划研究在实现港口功能的过程中,从顺应潮汐和水体交换动力角度出发,将采取岛式布置理念,预留较多的自由水域和水体循环通道,构建港口与海洋相融合的生态轴线。

(2)两廊:保留区域河流(永宁河、土城河)和沿海潮间带在内的生态水系完整性,对受养殖影响的潮间带区域进行生态补偿与修复,打造港城区域内的绿色生态廊道和休闲走廊。由于滨水岸线的稀缺以及潮间带与河流湿地具备一定的生态敏感性,因此对于尚未建设或可恢复的滨水岸线而言,该区域在进行生态修复与生态补偿的同时,其港口功能应采取离岸形式实现,从而保障生态水系的完整性。对于未来建设的离岸人工岛,应采取人工岛开发多样化形式,在港城相邻界面地区引入新的、适应于发展趋势的功能,包括休闲与娱乐功能、科技功能、第三产业功能和文化功能,从而使这一区域在工业结构调整和运输技术发展的新条件下,成为港口城市的一个高品位的综合功能区。

(3)四区:调节区域内雨洪干涝季节性影响,打造永宁河与土城河生态河流和沿岸湿地;保留大西山、太平角等生态山体和区域地貌多样性,构建港城多维度的异质性生态系统。在港口发展的新形势下,在保证传统港口功能实现的同时,区域发展开始更多的关注港口区域生态环境的转变。因此在太平湾区域生态港口规划中将借鉴景观生态学相关理念,避免港口区域建设同质化,重点突出河流、湿地、山体、绿地与人类建筑共存发展的空间异质性和边界交换效应,聚焦于更大空间和时间尺度上的港口生态系统空间异质性格局和生态演化过程,从而构建该区域多维度的异质性港口生态系统。

(4)一中心:打造以太平湾港区为中心的生态经济系统,构建生态绿色、港城融合的太平湾临港经济区。作为太平湾未来发展的重要支撑，太平湾港口在区域经济中占据着核心地位，因此研究依据港口客观发展趋势，结合生态规律和经济理，力求港口经济系统和谐融入区域环境，做出时间和空间的合理布局，在强化港口中心地位的同时，进一步提升近岸水体交换生态轴线的支柱地位，强化两翼两河生态廊道的有机联系，保障山体水系生态区域布局完整性，最终形成“一轴两廊四区一中心”的生态港口空间布局。

三、生态港口概念性方案

1. 水体交换生态轴

根据国际航运协会 2008 年《Protecting water quality in marinas》报告中对于港池水体的相关研究，对于长宽比较小的港池，单口门且口门开口较大的港池水体交换相对较好，对于长宽比较大尤其是长宽比大于 4∶1 的港池，采取双口门形式在水体交换方面具备显著优势。单、双口门港池水体交换对比情况见图 5-6。

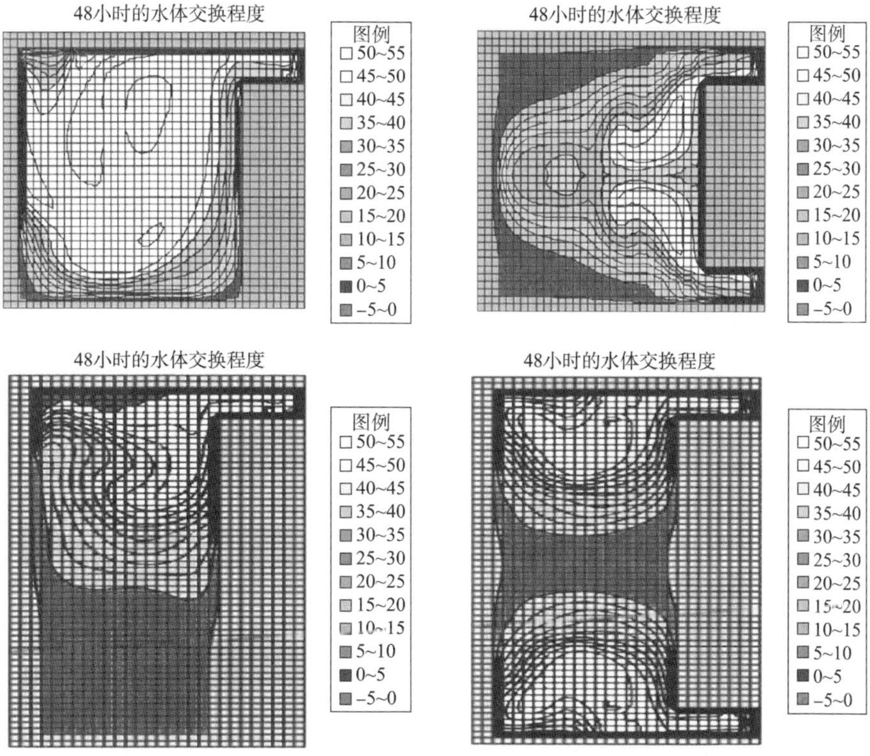

图 5-6　单、双口门港池水体交换对比情况

由前述可知，该区域潮流方向主要沿海岸线方向，湾内潮流速度较小，因此概念性方案在港区规划规模大、岸线长的基础上，平面布局方式将从改善港池水体质量的角度出发，保证港池内必要的潮流交换通道。借鉴国内外成熟港口案例，港区总体开发方案主要分为以下两种：

(1)长防波堤(人工岛)+短突堤形式。

该形式可借鉴马赛港、大连老港等港区布置方法，在港区外侧设置长防波堤或人工岛，预留较宽的潮流通道，既可以防止横浪对于港内泊稳影响，又可保证港内大范围水体交换动力；港池内借鉴《Protecting water quality in marinas》中单口门布置方法(图5-11)，可采用长宽比相对较小的短突堤，防止顺浪对于港内泊稳影响，保证各港池内必要的水体交换动力。长防波堤(人工岛)+短突堤布置形式见图5-7。

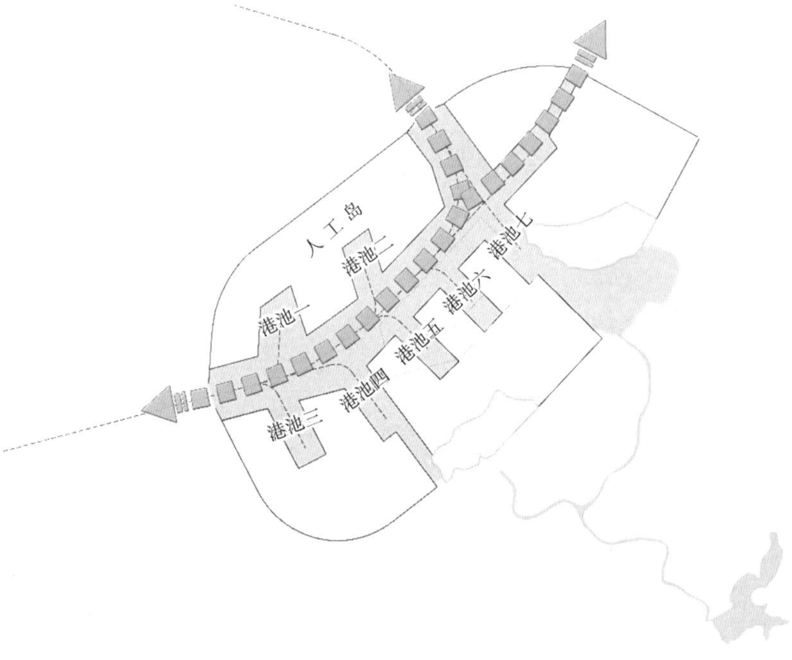

图5-7　长防波堤(人工岛)+短突堤布置形式

(2)长防波堤(人工岛)+狭长型港池形式。

该形式可借鉴长滩—洛杉矶港等港区布置形式，港区外侧同样采用长防波堤或人工岛形式，港内采取顺岸式与狭长型港池相结合的布置方式。该方式在码头集中连片布置上拥有较大优势，但在水体循环上相对较弱，由于港池内部长宽比大于4:1，因此为改善港池水体交换动力，狭长型港池可借鉴《Protecting water quality in marinas》中双口门布置方法，采用双口门布置形式，尽量提高港池内的水体质量。长防波堤(人工岛)+狭长型港池布置形式见图5-8。

图5-8　长防波堤(人工岛)+狭长型港池布置形式

2. 永宁河、土城河生态廊道

(1)保证生态廊道上游水系的连续性。

永宁河与土城河生态廊道均包括上下游水系、下游河口湿地及潮间带。为保证水系的连续性，保障城市滨水安全格局，应在港区后方集疏运通道规划中考虑与水系的相对位置，避免在永宁河、土城河上下游建设道路、河坝等人工设施，改变河流水系的基本特征和走向，破坏河流水系的排洪、排涝功能。

(2)重塑潮间带水系生物多样性。

对于太平湾与将军石湾区域的潮间带，应参照两湾实测资料，拆除养参设施，恢复潮间带原始自然形态，在港区平面方案上预留离岸线约500m的近海潮间带区域。

(3)保障生态廊道下游水系的水体质量。

由于概念性方案在平面布局上预留了潮间带区域的位置，因此有必要保障下游水系必要的潮汐动力，使潮间带区域成为港口与城市重要的生态休闲廊道。如

图 5-9 所示，由于永宁河生态廊道包括下游河口在内的将军石湾海岸线长达 10km 左右，预留潮间带区域宽度仅为 500m 左右，长宽比远大于 4∶1，因此可借鉴《Protecting water quality in marinas》中双口门布置形式，开设水体交换多通道；土城河生态廊道下游水系由于长宽比不足 4∶1，水系面积较大，因此采用水体交换单通道布置即可，为进一步增强下游水系水体交换动力，可对其进行底部疏浚，改变水体动力边界条件。太平湾生态廊道下游水系水体交换通道示意图见图 5-9。

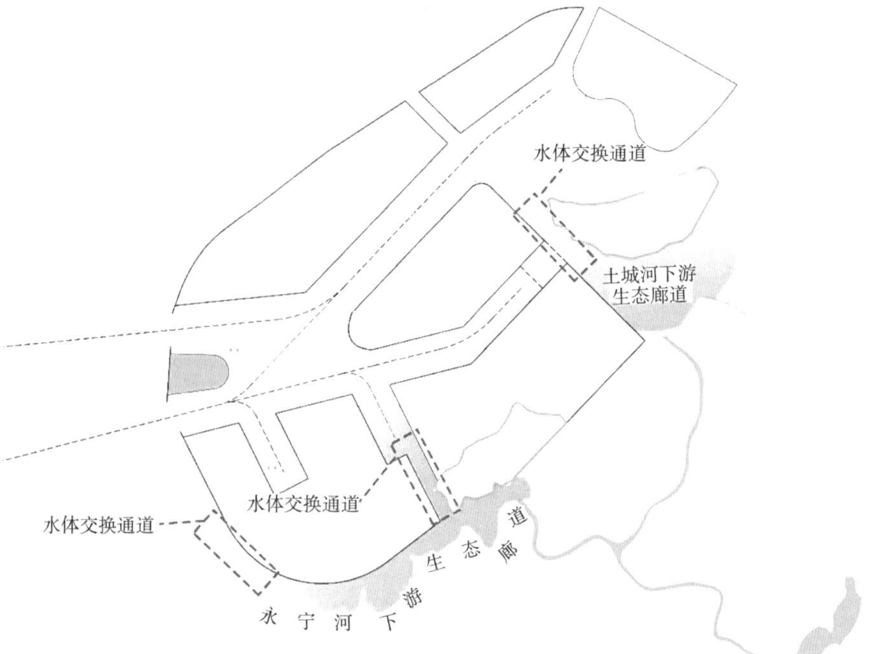

图 5-9　太平湾生态廊道下游水系水体交换通道示意图

(4)补偿陆域破坏区域，保证生物链的完整性。

该区域布置可借鉴勒哈弗尔港与不来梅港，在深入研究陆域生物链的前提下，围绕水系资源，建设人工湿地，对生物链的破损环节进行生态补偿，重塑生物链栖息地。

(5)修复已破坏岸线，打造城市-生态-港口相融合的休闲区域。

对于可养沙的岸线，应人工恢复沙滩以及相关植被；对于不适合养沙的岸线，应保留其礁石岬角形态，并进行适当的人工绿化修复；对于生态廊道相对宽敞的区域，可借鉴马赛、长滩—洛杉矶、勒哈弗尔港，设置游艇码头，打造城市滨水岸线；对于护岸、防波堤等人工建筑物，可借鉴欧美港口，采用生态块体，对其进行生态化处理，使之成为生物栖息地之一。

3. 大西山生态区

目前大西山由于工程建设，山体资源遭到了一定程度的破坏，土壤流失较为严重，依靠自然恢复山体绿地较难，可借鉴洋山港区生态处理方法，采取以人工修复为主、自然恢复为辅的生态修复手段：

(1)对于被人工开挖的山体区域，应着重对山体断面进行修复，采用挡墙、观景台等方式进行景观处理，防止山体坍塌。

(2)对于水土流失严重、已不适宜于植物生长的山体区域，应对土壤进行人工深层次处理，引导、加速自然演化过程，使之重新具备植物生长的条件，发展成为由当地物种组成的完整生态系统。

(3)由于大西山生态紧邻港口作业区，因此可围绕大西山生态区展开一系列措施改善景观，形成点、线、面结合的花园港区。先期可及早制定港区公园绿色景观规划，以大西山绿地恢复为重点，将海上公园、沿岸景观、山体绿地等不同亲水空间相融合，向陆域与海域两侧发展，打造亲水、观海、临港的港城融合区域。

4. 太平角生态区

太平湾临港经济区主要定位为港口旅游区、休闲旅游区、旅游商业区、旅游居住和配套区。由于太平角生态区包括太平湾潮间带、大望山、大顶子山等宝贵生态资源，因此该区域各生态资源应统一规划，结合不同地形具体开发建设。

(1)将太平角北侧自然岸线打造为旅游休闲岸线，引入休闲旅游生活项目，打造亲水性的防护岸线，近海侧发展与与港口相关的旅游产业，如游船、游艇、港口发展纪念馆、港景观赏等。

(2)南侧岸线打造为城市滨海岸线，主要为游客提供商业和商务休闲服务，提供居住及配套服务，兼顾城市生活和配套功能。

(3)大望山、大顶子山为区域内海拔相对较高的山体，因此在规划城市与港口平面布局时，可着重围绕山体绿地构建港口、城市、生态环境融合地带，打造成为区域内依山傍水、临港临城的重要生态区。

5. 永宁河、土城河生态区

为解决两河区域季节不均衡性，将其打造为太平湾港城重要的生态景观区域，该区域可借鉴“海绵城市”理念，采取低影响开发措施，构建贯穿全城的网络状湿地系统：

(1)由于两河地下径流短，常以泉水形式排入临近谷沟中，因此在中上游设计开发时应尽量利用原有河道，对河道与河岸进行生态化处理，采用生态防渗措施。

(2)两河区域上游区域大部分均开发为果林区域，河流两岸基本为旱地，该植被方式不利于涵养水源，中上游应适当种植涵养水源的阔叶林、植物落叶层，平面上预留部分区域，开发为人工湿地，调节水系的季节不均衡性。

6. 太平湾港口经济中心

(1)风场作用。

太平湾区域常风向为SSE，出现频率为21.15%，强风向为NNW，在港口内部，大宗散货、杂货等具备粉尘污染的货种宜采用防尘网、筒仓等清洁设施方式布置；考虑到强风向和常风向，散货宜布置在港口西北部靠海测，城市规划方案可结合港区布置适当调整，将城市核心居住区、商业区与大宗散货、杂货区域适当错落布置，避免城市受到港口作业的粉尘污染。

在区域风场作用下，大西山、太平角等山体区域为港区后方城市提供了天然屏障，港区后方城市可结合山体对风场作用进一步对城市规划方案进行局部优化。

港区耗能可较多采用低碳、绿色、循环经济方式，减少碳排放污染；电力上可较多采用风力发电，在大西山、太平角等山体区域适当预留风力发电区域。

(2)雨水利用。

在港区平面布局上，应最大限度的实现雨水在港区的积存和利用，促进雨水资源循环和生态环境的保护。港区路面应尽可能的采取可渗透路面，利用港区绿化等配套设施，构建港区“海绵体”。

(3)运输系统。

在港区后方集疏运道路上，尽量减少单一目标的“灰色”道路建设，杜绝将水资源、土地资源简单的功能分割，尽量构建适合区域水生态系统的弹性公路框架，海绵城市生态公路样例见图5-10。港区未来进出车辆管理可借鉴欧美先进港口，严格管控进出港车辆排放，对于车辆排放不达标者，严禁进入港区作业。

图5-10　海绵城市生态公路样例图

(4)分期建设。

由于未来太平湾港口定位于百年港口,规模较为庞大,因此可借鉴勒哈弗尔港的发展经验,港口分期建设。一方面在每次建设后赋予自然界一定的时间,使之与人工建筑物相互适应,保持生态平衡,另一方面在分期建设中,可循环使用日常维护的港池、航道淤泥等,在缓解填海造陆用土困难的同时,也降低区域内的生态影响。

近期港口落成后,可提前规划中期发展区域,用于近期港池落成后的航道、港池纳泥区,满足中期发展区域填海用土部分需求;同理,中期发展区域落成后,可提前规划远期发展区域。以人工岛 A 区域为例,根据水深测图,填海造陆共需土石方约 4000 万 m^3,根据相关成果,未来航道、港池年淤积量约 300 万 m^3,因此在合理建设时间内,港口相关利益方可科学规划发展年限,使用循环资源,既可减少陆地挖方影响,又可解决港池回淤纳泥区设置问题。

(5)生态补偿。

由于港区建设范围大,不可避免地将对区域生态系统造成一定影响,因此概念性方案借鉴勒哈弗尔港、不来梅港等港建设经验,在港区口门处预留了相关区域,该区域一方面对区域生态系统进行生态补偿,减少土木工程建设对食物链各环节尤其是底层生物链的影响,另一方面可适当塑造人文与自然相结合的景观地带,打造东北亚航运中心花园港区。

第三节 港池水体交换研究

一、规划方案

近期太平湾港区采用环抱式港池布置,口门位于 -5m(理论基面,下同)水深处,港池长度 5790m,宽度 1000m,长宽比约 5.8∶1,设计底高程 -15.5m,港内水域面积约 640 万 m^2,规划形成码头岸线约 10km,可布置 4~15 万吨级泊位 29 个。

为提高港区环抱式港池水体交换能力,拟通过开辟港池底部通道,使港池与外海留有两个水体交换通道,以增加港池内外水体交换量和港池水体环境容量。环抱式港池底部通道布置方案见图 5-11。

本研究重点针对环抱式港池底部通道的开口宽度和底高程,通过计算不同工况下港池和太平湖的水体交换率以及重点区域的特征流速和横流流速,从水体交换和潮流角度综合比选评价各方案,提出合理化建议。环抱式长港池底部通道方案研究共设计 8 种计算工况，如表 5-2 所示。

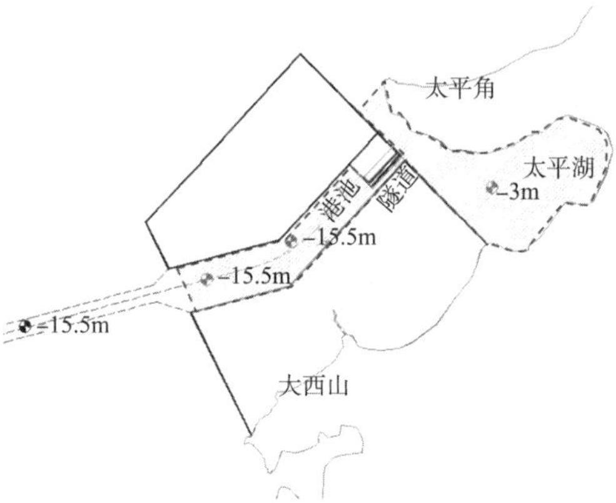

图 5-11　环抱式长港池底部通道研究方案

环抱式长港池底部通道计算工况　　表 5-2

工况	通道开口	通道宽度(m)	通道底高程(理论基面下)
一	不开口	—	—
二	开口	50	-3.0m
三		100	-3.0m
四		150	-3.0m
五		200	-3.0m
六		200	-15.5m
七		300	-3.0m
八		500	-3.0m

二、计算方法

1. 水动力模型

潮流数学模型理论采用平面二维浅水方程组。在笛卡尔坐标系下，通过对水平动量方程与连续方程的积分而得到的二维浅水方程，如下：

$$\frac{\partial \zeta}{\partial t}+\frac{\partial hu}{\partial x}+\frac{\partial hv}{\partial y}=0 \tag{5-1}$$

$$\frac{\partial u}{\partial t}+u\frac{\partial u}{\partial x}+v\frac{\partial u}{\partial y}-fv=-g\frac{\partial \zeta}{\partial x}-\frac{\tau_{bx}}{\rho h}+E_x\left(\frac{\partial^2 u}{\partial x^2}+\frac{\partial^2 u}{\partial y^2}\right) \tag{5-2}$$

$$\frac{\partial v}{\partial t}+u\frac{\partial v}{\partial x}+v\frac{\partial v}{\partial y}+fu=-g\frac{\partial \zeta}{\partial y}-\frac{\tau_{by}}{\rho h}+E_y\left(\frac{\partial^2 v}{\partial x^2}+\frac{\partial^2 v}{\partial y^2}\right) \tag{5-3}$$

式中,h 为总水深；g 为重力加速度；u 和 v 分别为垂线平均流速在 x、y 方向上的分量；f 为科氏力系数；ρ 为水体密度；E_x 和 E_y 分别为 x、y 方向的水平紊动黏性系数,可由 Smagorinsky 方程求解；τ_{bx}、τ_{by} 分别为床面剪切力在 x、y 方向的分量。

2. 水体交换模型

水体交换的模拟采用基于欧拉法的示踪剂浓度统计法,于初始时刻在港池内投放浓度为 1.0 的守恒性物质,外海水域物质浓度设置为 0.0,水交换模拟时段采用连续潮作用 1 个月,经一定的时间过程后,自系统内扩散至外海的物质总量占系统内初始物质总量的百分比即为整体系统的水体交换率。

在港池内部设置溶解态无降解守恒物质,在潮流动力作用下通过数值模拟观察守恒物质浓度的情况。示踪剂物质的运动采用基于欧拉物质运动的对流扩散方程形式,如下：

$$\frac{\partial hC}{\partial t}+\frac{\partial huC}{\partial x}+\frac{\partial hvC}{\partial y}=\frac{\partial}{\partial x}\left(hD_x\frac{\partial C}{\partial x}\right)+\frac{\partial}{\partial y}\left(hD_y\frac{\partial C}{\partial y}\right)-FhC+S \tag{5-4}$$

式中,C 为物质浓度;D_x和 D_y分别为 x、y 方向的物质扩散系数;F 为物质衰减系数;S 为点源浓度。

物质扩散系数通过下式计算求得：

$$D_x=\frac{E_x}{\sigma_T};D_y=\frac{E_y}{\sigma_T} \tag{5-5}$$

式中,$E_x=E_y$为水平紊动黏性系数;σ_T 为 Prandtl 数,取为 1.0。

3. 模型建立和验证

大范围模型包含整个渤海海域;局部模型范围北至营口港鲅鱼圈港区以北,南至长兴岛,西至约 -30m 等深线。模型计算区域采用无结构三角形网格对计算域进行剖分(图 5-12),最小空间步长为 5m,能够保证充足的网格分辨率。

模型验证依据 2010 年实测大、中、小潮水文测验数据。验证表明:计算值与实测值吻合良好,能够反映太平湾大范围海域潮流运动情况。

三、评价标准

参照国际航运协会(PIANC)规程规定,对于半日潮而言,在人工修筑围垦工程后，围垦区内水体交换率如能满足4天交换63%，则认为水体交换情况良好；如能满足10天交换63%，则认为水体交换情况一般；如需更长时间才能达到63%，则认为水体交换情况较差。

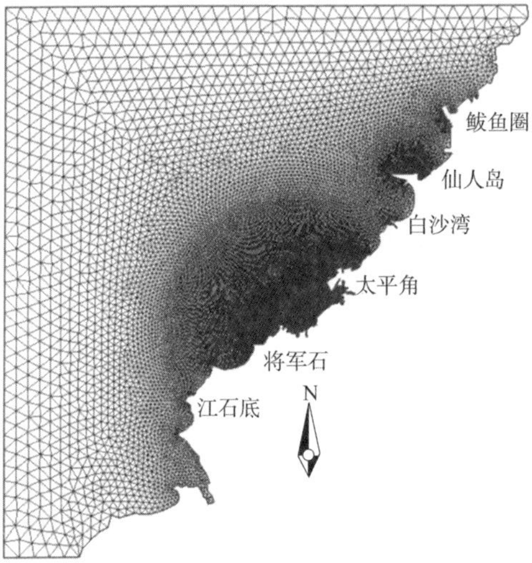

图5-12　局部模型网格图

四、数值模拟结果

1. 潮流模拟分析

从潮流流速角度，对通道开口宽度50m（工况二）、100m（工况三）、200m（工况五）、500m（工况八）等四种工况的港池、港池底部通道及太平湖区域的流速特征值进行分析，各工况港池底部通道流速变化情况见图5-13。由计算结果可知：

（1）港池底部通道开口宽度500m工况条件下，港池内平均流速最大值可达0.25m/s；其余工况港池内平均流速不足0.15m/s。

（2）港池底部通道开口宽度50m、100m、200m工况条件下，随着通道宽度的增加，港池底部通道内平均流速略有升高，平均流速最大值均在1.0m/s以上；通道开口宽度500m工况条件下，由于过水断面面积急剧增大，港池内流速略有降低，平均流速最大值为0.96m/s。

（3）港池底部通道开口宽度200m和500m工况条件下，通道出口附近最大横流可达1.1m/s以上，开口宽度50m、100m工况条件下，最大横流分别为0.62m/s、0.92m/s。

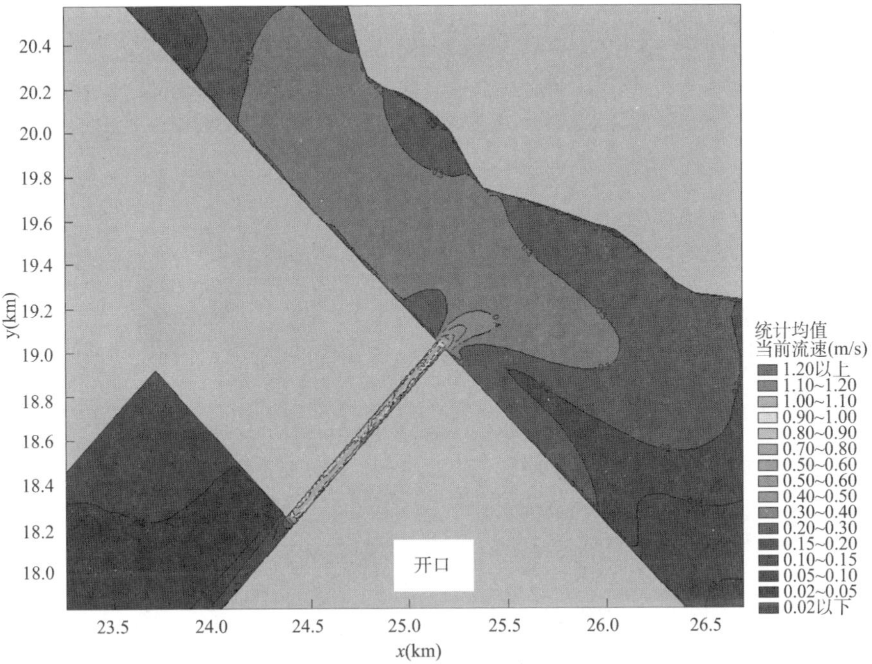
20.4
20.2
20.0
19.8
19.6
19.4
19.2
19.0
18.8
18.6
18.4
18.2
18.0
y(km)
23.5
24.0
24.5
25.0
25.5
26.0
26.5
x(km)
开口
统计均值
当前流速(m/s)
1.20以上
1.10~1.20
1.00~1.10
0.90~1.00
0.80~0.90
0.70~0.80
0.50~0.60
0.50~0.60
0.40~0.50
0.30~0.40
0.20~0.30
0.15~0.20
0.10~0.15
0.05~0.10
0.02~0.05
0.02以下

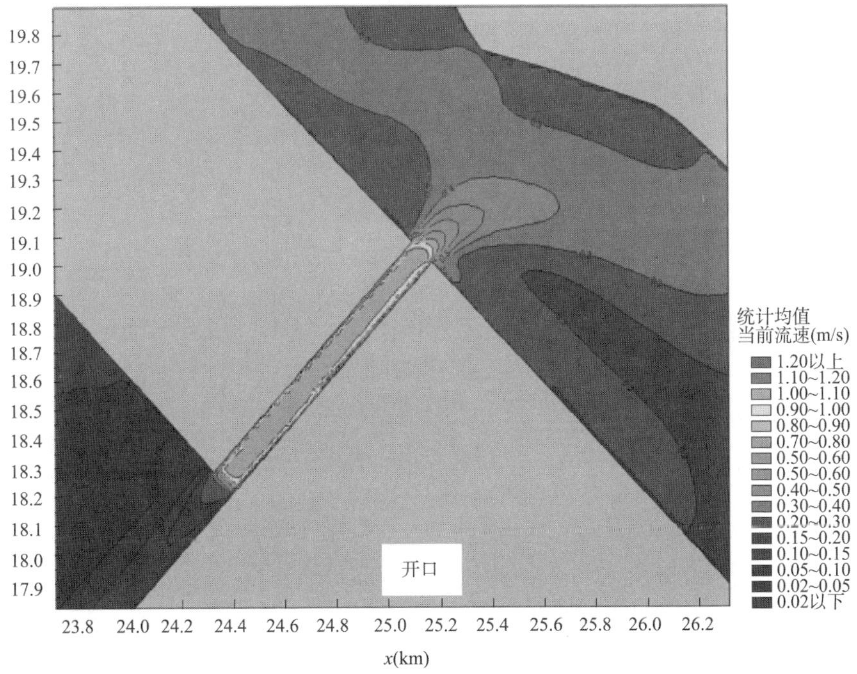
19.8
19.7
19.6
19.5
19.4
19.3
19.2
19.1
19.0
18.9
18.8
18.7
18.6
18.5
18.4
18.3
18.2
18.1
18.0
17.9
23.8
24.0
24.2
24.4
24.6
24.8
25.0
25.2
25.4
25.6
25.8
26.0
26.2
x(km)
开口
统计均值
当前流速(m/s)
1.20以上
1.10~1.20
1.00~1.10
0.90~1.00
0.80~0.90
0.70~0.80
0.50~0.60
0.50~0.60
0.40~0.50
0.30~0.40
0.20~0.30
0.15~0.20
0.10~0.15
0.05~0.10
0.02~0.05
0.02以下

图 5-13

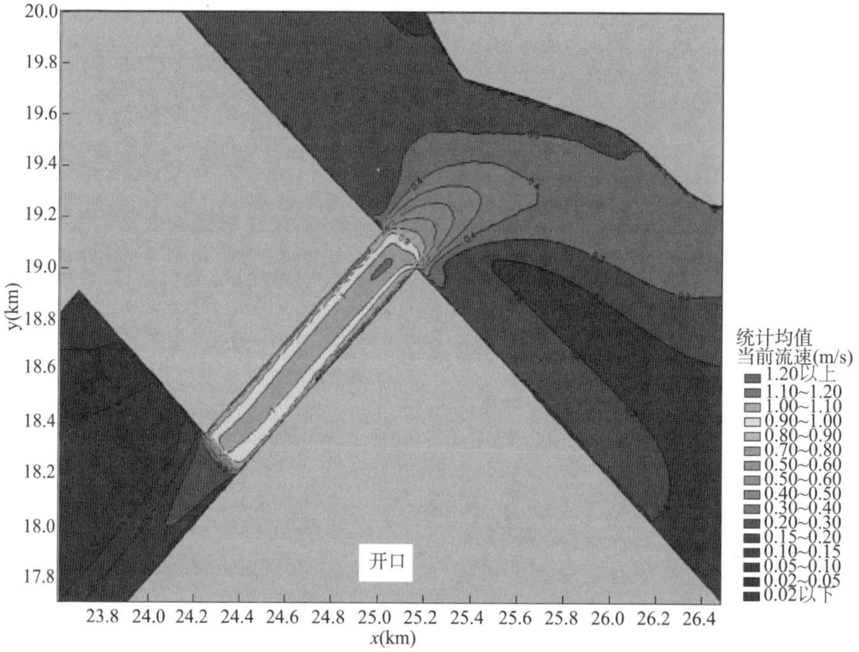

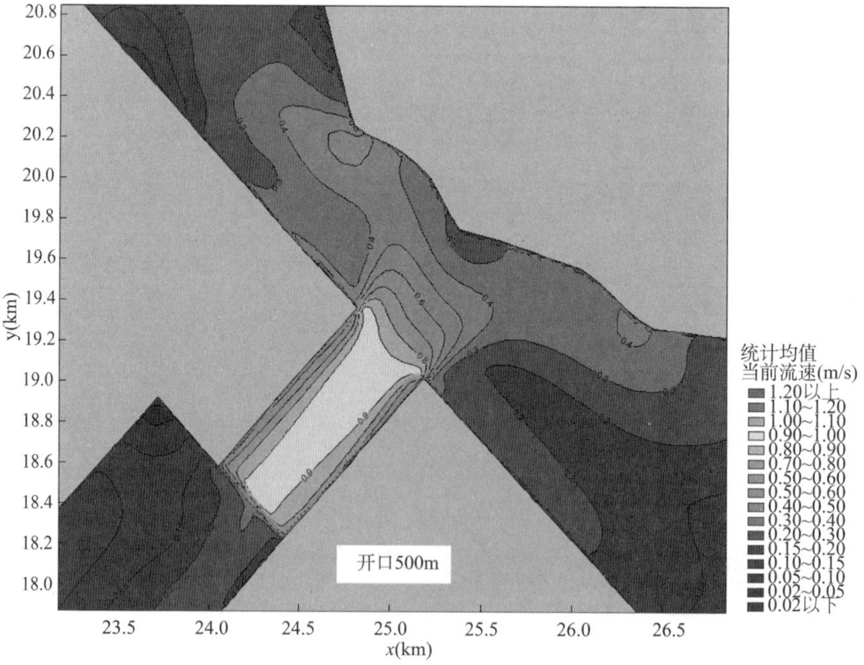

图 5-13　各工况港池底部通道流速变化情况

(4)港池底部通道开口宽度越大,局部流态改变越大,对底部通道周边流场的影响程度就越大。为避免港池底部通道内部及通道出口附近流速过大,造成桥墩附近及通道底部的剧烈冲刷,通道开口宽度 50m、100m 工况优于 200m、500m 工况。

2. 水体交换模拟分析

(1)通道底高程比选。

在港池底部通道宽度 200m 条件下,分析通道不同疏浚深度 -3.0m(工况五)和 -15.5m(工况六)对整体系统和港池水体交换能力的影响。两种工况示踪剂浓度扩散历时分布图见图 5-14、图 5-15,不同通道底高程水体交换率历时统计见表 5-3,整体系统水体交换率时间过程见图 5-16。

①水体交换 10 天后,通道底高程 -3.0m、-15.5m 两种工况的整体系统水体交换率分别为 68% 和 71%,水体交换情况均较好,能够满足国际规范要求。

②水体交换 30 天示踪剂的浓度扩散基本达到稳定状态,此时通道底高程 -3.0m、-15.5m 两种工况的整体系统水体交换率分别达 85% 和 88% 左右。

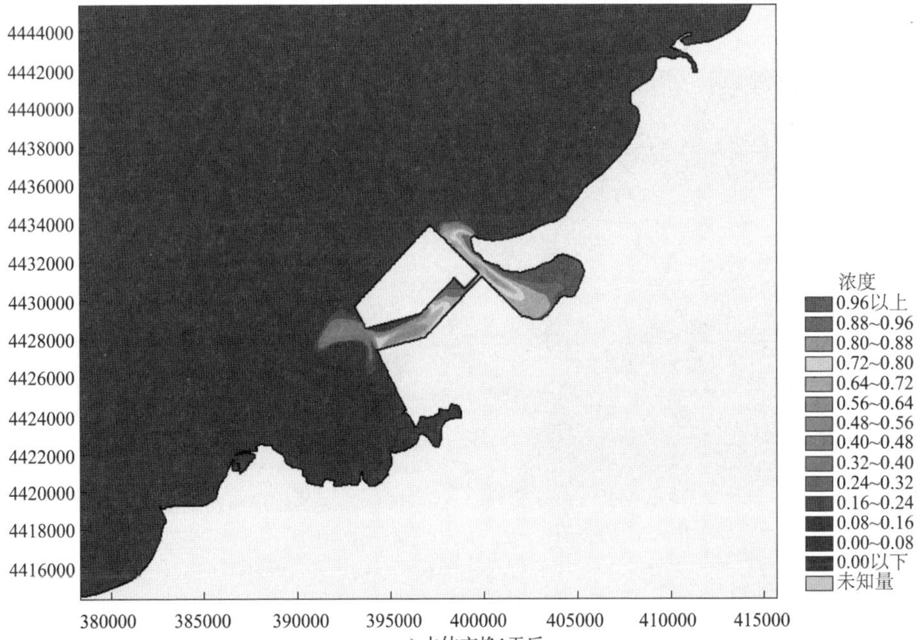

a) 水体交换1天后

图 5-14

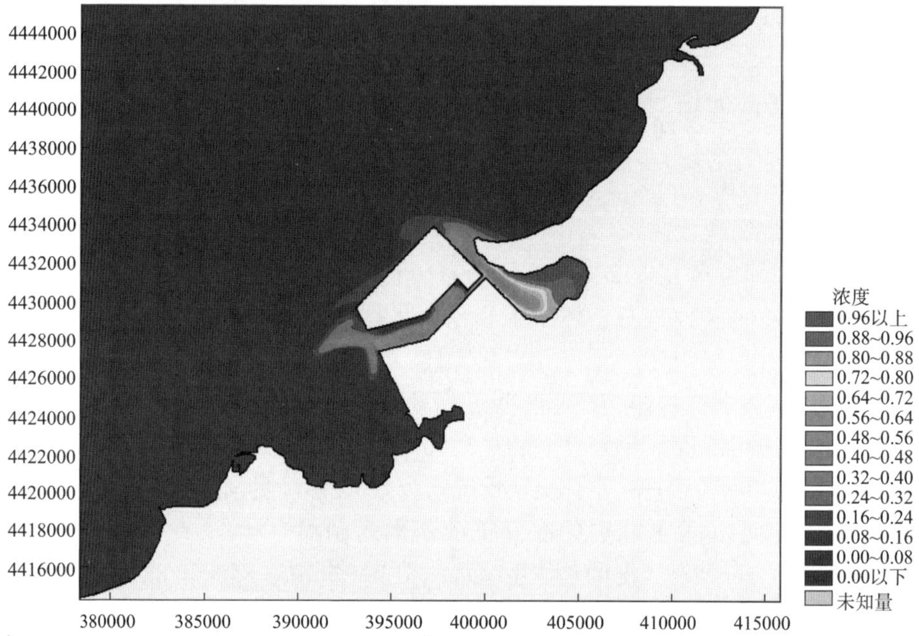

b) 水体交换2天后

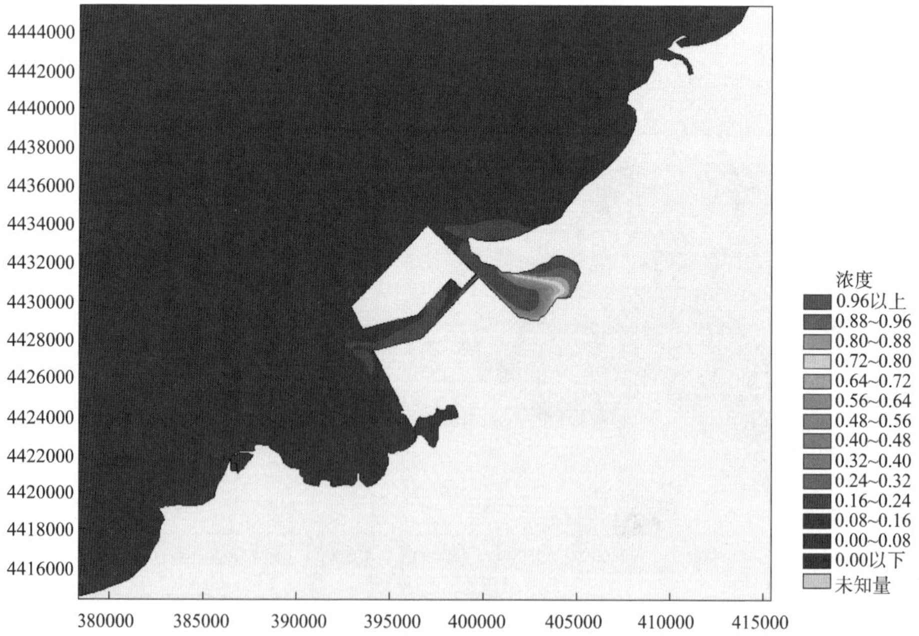

c) 水体交换4天后

图 5-14

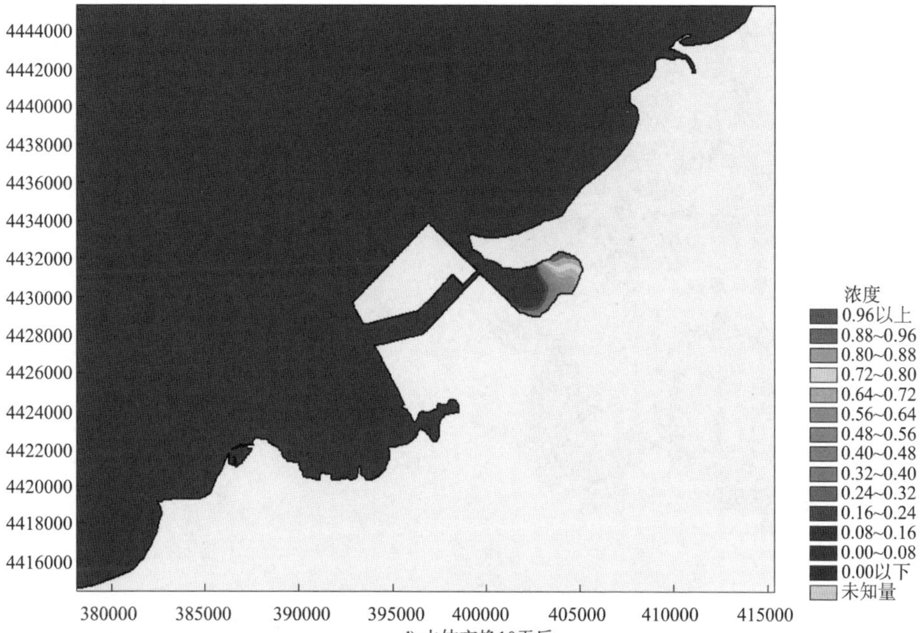

d) 水体交换10天后

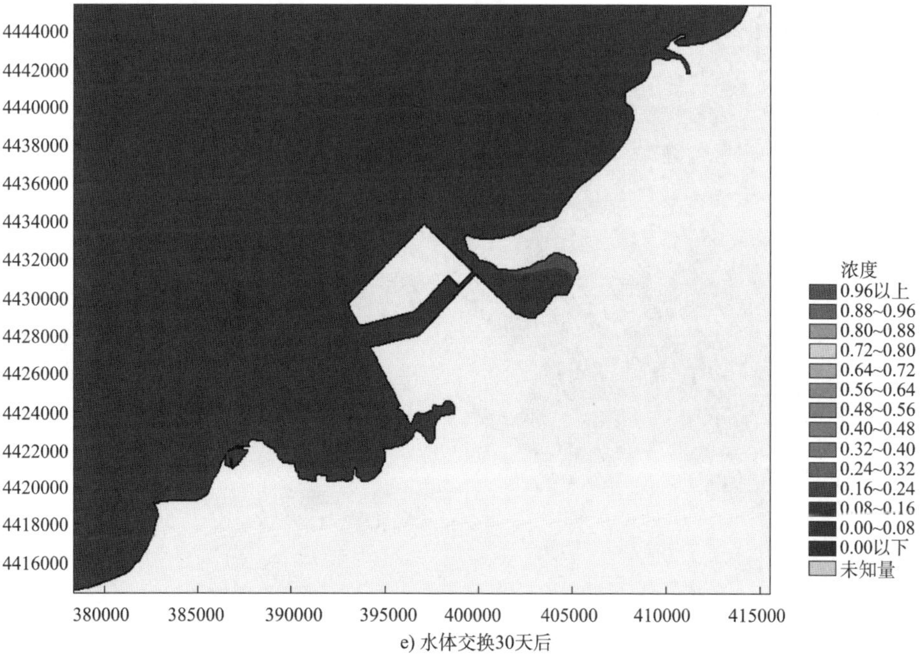

e) 水体交换30天后

图 5-14　工况五示踪剂浓度扩散历时分布图

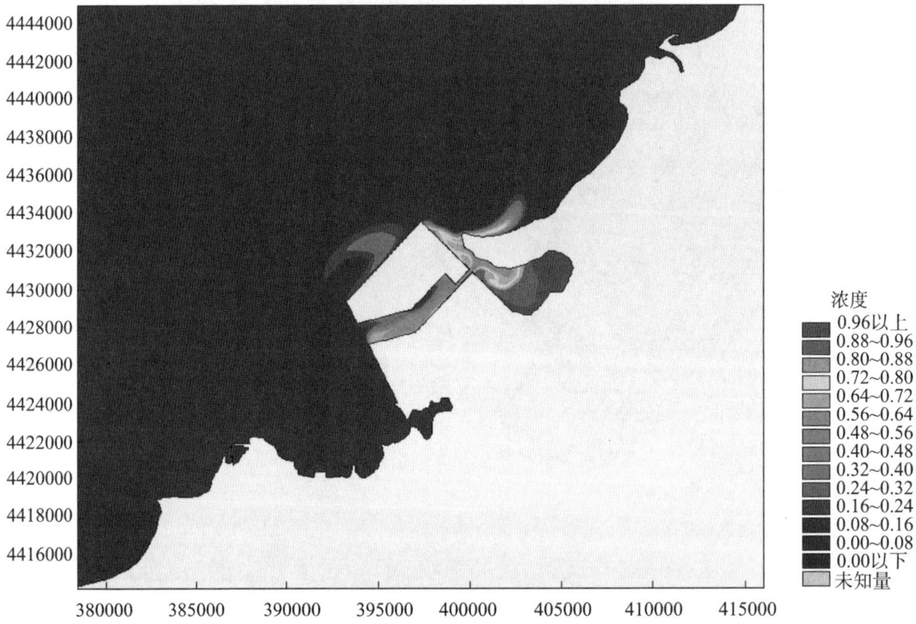

a) 水体交换1天后

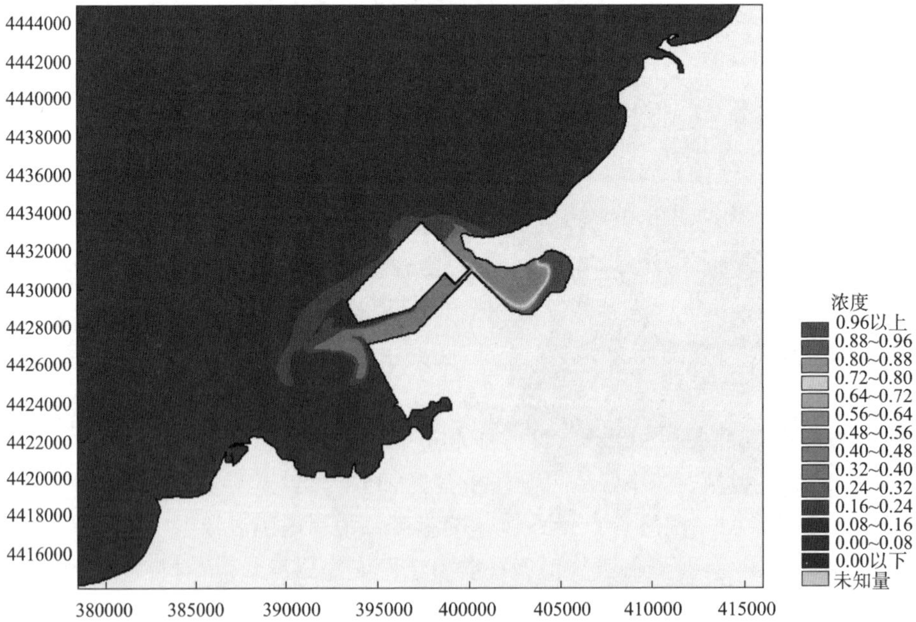

b) 水体交换2天后

图 5-15

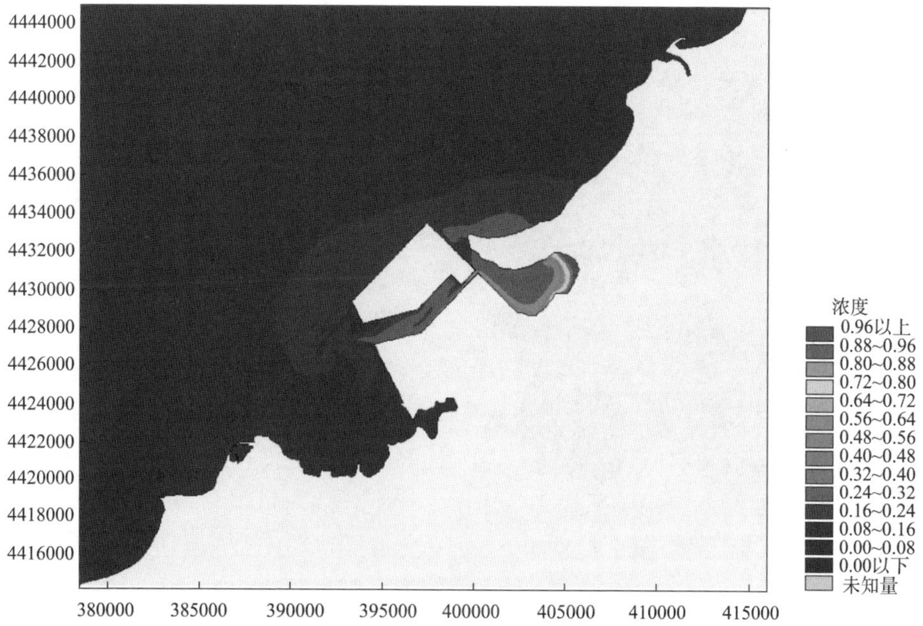

c) 水体交换4天后

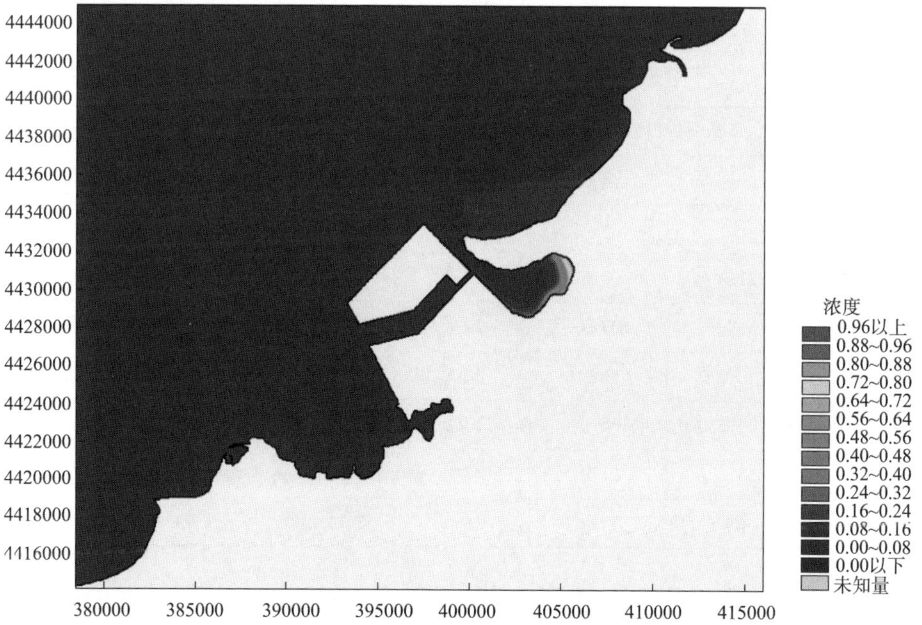

d) 水体交换10天后

图　5-15

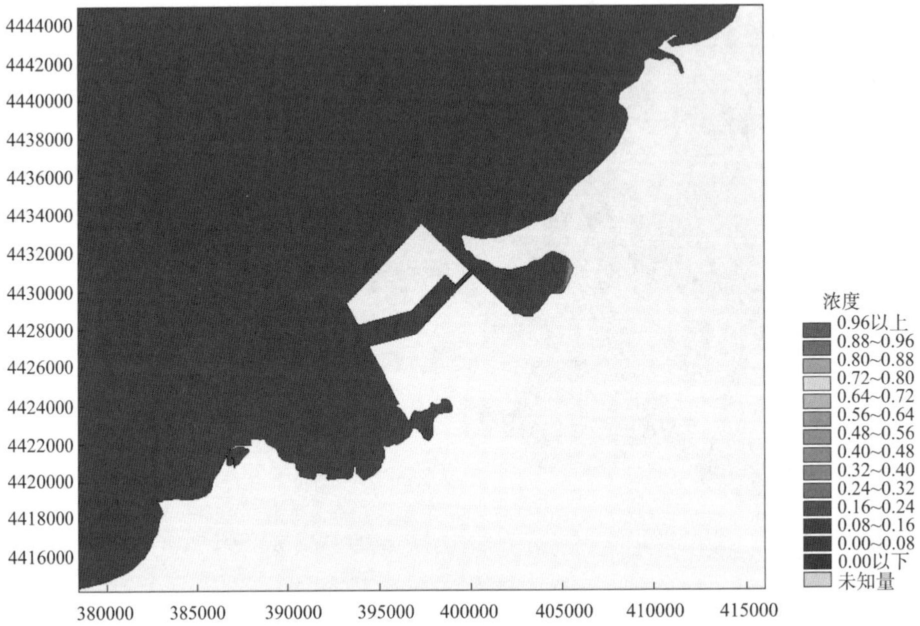

e) 水体交换30天后

图 5-15　工况六示踪剂浓度扩散历时分布图

不同通道底高程水体交换率历时统计表(单位:m)　　表 5-3

天数	工况五(开口 200m 底高程 -3.0)			工况六(开口 200m 底高程 -15.5)		
	总体	港池	太平湖	总体	港池	太平湖
0	0%	0%	0%	0%	0%	0%
1	21%	20%	20%	18%	21%	14%
2	31%	33%	27%	32%	37%	26%
3	40%	46%	32%	42%	49%	33%
4	47%	55%	38%	49%	58%	40%
5	53%	61%	43%	55%	64%	46%
10	68%	77%	58%	71%	77%	64%

③港池底部通道的疏浚深度对水体交换率影响不大。通道开口宽度 200m 条件下,底高程 -15.5m 工况的水体交换情况略好于底高程 -3.0m 工况,但两种工况差异较小。考虑通道浚深的经济成本和可能引起的泥沙回淤,通道底高

程 -3.0m 基本合理,但工程实施后应考虑通道冲刷影响,并注意桥墩及构筑物的防护问题。

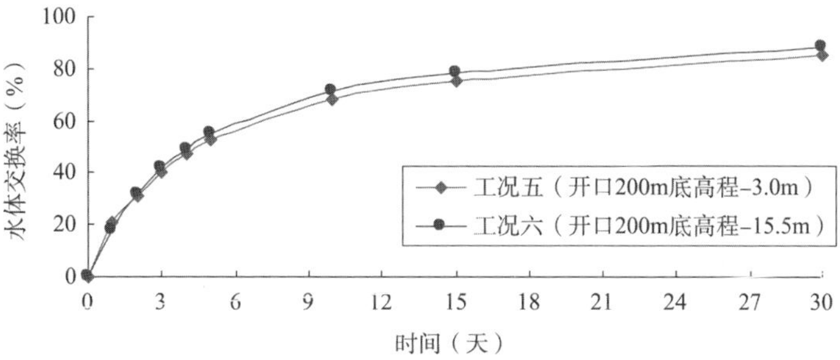

图 5-16 整体系统水体交换率时间过程

(2)通道宽度比选。

在通道底高程 -3.0m 条件下,分析通道不同开口宽度 0m(工况一)、50m(工况二)、100m(工况三)、150m(工况四)、200m(工况五)、300m(工况七)和 500m(工况八)对整体系统和港池水体交换能力的影响。各工况的整体系统和港池的水体交换率历时统计见表 5-4、表 5-5,交换 10 天后水体交换率变化情况见图 5-17。

①港池底部通道不开口条件下,港池的水体交换情况较差。水体交换 10 天、30 天后,工况一的港池水体交换率分别为 27% 和 37%。因此,环抱式长港池采用单口门对水体交换是不利的。

②港池底部通道开口条件下,不同的开口宽度引起的整体系统的水体交换率差异较小。水体交换 10 天后,各工况的整体系统水体交换率均在 66% 左右;水体交换 30 天后,各工况的整体系统水体交换率均在 85% 左右。通道开口宽度的增加,使得港池和太平湖之间水体的流通增强,但整个系统的纳潮容积并未发生明显变化,因此整体系统的水体交换率无明显差异。

③港池底部通道的开通对于改善港池水体交换能力效果明显。开口条件下,相比不开口时,4 天后港池水体交换率提高 30% 以上,10 天和 30 天后水体交换率提高 50% 左右。随着港池底部通道开口宽度的增加,港池水体交换率呈现先增加后趋于稳定的趋势,4 天和 10 天后开口宽度 100 ~ 200m 工况的水体交换率较开口宽度 50m 工况的水体交换率分别提高了 12% 和 6%;开口宽度 100m 以上的各工况水体交换率差异较小。

④从改善港池水环境质量的角度,港池底部通道开口宽度不宜过小。综合来看,开口宽度 100 ~ 200m 的工况相比开口宽度 50m、300m 和 500m 的工况较优。

不同通道宽度整体系统水体交换率历时统计表 表 5-4

天数	工况一(0m)	工况二(50m)	工况三(100m)	工况四(150m)	工况五(200m)	工况七(300m)	工况八(500m)
0	0%	0%	0%	0%	0%	0%	0%
1	25%	20%	23%	22%	21%	18%	18%
2	34%	30%	32%	31%	31%	27%	28%
3	37%	36%	39%	38%	40%	36%	37%
4	40%	43%	46%	45%	47%	43%	44%
5	42%	49%	52%	50%	53%	49%	50%
10	49%	65%	67%	67%	68%	66%	66%
15	54%	74%	75%	75%	75%	74%	74%
30	62%	85%	86%	85%	85%	85%	85%

不同通道宽度港池水体交换率历时统计表 表 5-5

天数	工况一(0m)	工况二(50m)	工况三(100m)	工况四(150m)	工况五(200m)	工况七(300m)	工况八(500m)
0	0%	0%	0%	0%	0%	0%	0%
1	6%	13%	16%	19%	20%	21%	21%
2	10%	23%	28%	31%	33%	33%	35%
3	14%	33%	40%	43%	46%	44%	46%
4	17%	43%	50%	51%	55%	53%	54%
5	20%	51%	57%	56%	61%	58%	60%
10	27%	71%	75%	75%	77%	75%	75%
15	31%	80%	82%	82%	83%	82%	82%
30	37%	88%	90%	90%	91%	90%	90%

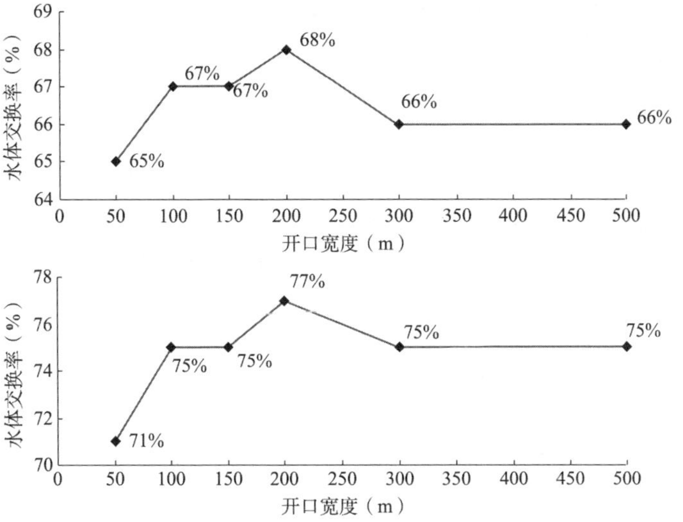

图 5-17　不同开口宽度水体交换率对比(前 10 天)

第四节　风场模拟研究

一、风动力模型

1. 中尺度 WRF 与 FLUENT 嵌套的技术路线

由于风场影响范围比较大,规划阶段既需要考虑大范围区域风场环境的变化和影响,又需要重点关注港区陆域范围内重要山体细部流场的变化对规划定位的影响。经深入探索,本研究拟采用计算流体力学的方法应用中尺度气象模型(WRF)和微尺度计算流体力学(FLUENT)模型相互结合的方法来综合考虑港口陆域现状的大范围和小范围风场特征,以及部分山体进一步开挖后的小范围风场特征。

计算流体力学方法(CFD)可以研究微观尺度流体动力学,20 世纪 60 年代,CFD 首先应用于飞行器和喷气发动机的开发研究和设计制造,后应用于能源、电子、石油、化工、汽车等各个领域。CFD 在应用中不断的发展和完善,从 20 世纪 80 年代开始逐步渗入到风工程研究领域,现已经形成了一个重要的方法——计算风工程。计算风工程的研究领域包括数值模拟方法、湍流模型、建筑物周围风环境问题、钝体绕流、房屋和桥梁空气动力特性、风和结构的相互作用等方面的问题。其中 FLUENT 是目前世界上应用最广的微观尺度计算流体力学软件。Equation Section (Next) 计算流体力学方法在气象学中的应用一般采用中尺度数值模拟方法，中尺度数值模拟方法与计算流体动力学方法在空间上分别属于两个不同的尺度类别。

中尺度模型空间分辨率通常在 1000m 量级以上，在一定程度上能满足较大区域风场的模拟研究，经过 20 多年的发展，中尺度模型系统已经日趋完善，其中，最著名的中尺度模型有 RAMS、ANEMOS、A2C、MM5、WRF 等，但是不能得到较小尺寸精细化的风场。计算流体动力学软件 FLUENT 的空间分辨率在 1m 量级，能达到工程领域所要求的精度。通过把这两种模型进行嵌套运算，优势互补，能够模拟获得近地面风场信息，从中提取出建筑表面风压风速情况，为工程设计提供依据。该方法已经在风能评估、城市风环境、气流扩散等工程领域得到应用。

2. 中尺度 WRF 数学模型

Weather Research and Forecast(WRF)是目前最先进的中尺度天气研究与预报系统。在 20 世纪末，由美国国家大气研究中心(NCAR)和国家环境预测中心(NCEP)等联合众多科研机构与高等院校开始进行 WRF 模型的研究。WRF 模型采用了全新的程序设计理念，在 Linux 系统上运行，具有较强的可移植性。该模型开放源代码，可为天气预报、区域气象模拟、理想气象研究等提供了一个共同的模型框架。

WRF 模型主要由前处理、主模型和后处理三部分组成。其中前处理主要为主模型提供初始场与边界条件，主模型主要是对大气控制方程进行运算处理，后处理部分主要是对模拟结果进行图形或文本处理。WRF 模型的初始场分为理想模拟(Idealized Simulation)和实时数据(Real-Data)两种，本研究所使用的初始场为实时数据模块。

WRF-ARW(Advanced Research WRF)模型的动力框架采用基于非静力平衡的欧拉方程模型，该模型具有完全守恒性。在常规应用中，垂直方向一般以海拔高度或离地高度作为分层标准。但是由于在气象模拟中，有些区域的下垫面比较复杂，有平原、有高原，有盆地、有大山等，按照海拔高度或是位势高度分层的话，就有可能使低的层面与下垫面(高原、大山)相交，给计算带来不便。沿地形欧拉质量坐标系以地面作为基准面，随地形的起伏而起伏变化。由于该坐标系是基于气压建立的，它能使气象控制方程趋于简单化。沿地形欧拉质量坐标系的优点有：①该坐标体系随地形变化，能描述气温、风等随地形的水平运动；②该坐标体系越靠近地面，垂直分辨率越高；③该坐标体系避免了在垂直分层方面与地形的交叉。

3. WRF 模型的物理过程参数

WRF 模型考虑了较多的气象物理过程,并用参数化的方法进行描述。其物理方案包括微物理过程方案、积云参数化方案、辐射过程参数化方案、陆面过程方案、边界层方案等,并且每个物理方案都提供了多个模型进行选择。

(1)微物理过程方案。

计算采用的 WSM3 类冰方案。该方案是对旧的方案的修正,包括冰的沉降和冰相的参数化与其他方法不同的是诊断关系所使用冰的数浓度是基于冰的质量含量而非温度。方案采用冰方案,包括三类物质:汽、云水或云冰、雨水或雪。对于云水和雨水及云冰和雪的处理采用了假设:温度零度以上,云水和雨水被作为同一类来计算,低于零度云冰和雪被作为同一类来计算。方案考虑了冰相过程,但缺乏对过冷的水和逐渐消融率的考虑。这是一个有效的方案,适用于中尺度格点研究。

(2)积云对流参数化方案。

重点考虑受大气环流强迫和控制下产生的积云,而其又通过感热、潜热等作用反馈影响大气环流,这种作用在对形成大气温度、湿度等的垂直结构中起十分关键的作用。积云对流是数值模式中不可缺少的物理过程,因其在时空尺度上是一般模式不能分辨的细网格尺度,因而在数值模式中一般采用参数化的方法对其反馈影响作近似估算。该参数化方案通常要求在网格尺度未饱和时产生能垂直输送热量、水汽和其他物理量的次网格尺度隐式云,因此,也称为隐式对流方案。计算采用新 Kain-Fritsch 方案。新 Kain-Fritsch 方案是 Kain-Fritsch 方案的修正方案,该方案在 Eta 模式中对 Kain-Fritsch 方案进行了调整,它仍然采用“某一格体内的对流有效势能将在对流的生命期内被对流活动完全消耗掉”的闭合假设,利用一个伴有水汽上升下沉的简单云模式,考虑了云中上升气流卷入和下曳气流卷出及相对粗糙的微物理过程的影响。新方案在边缘不稳定、干燥的环境考虑了最小卷入率以抑制大范围的对流,对于不能达到最小降水云厚度的上升气流,考虑浅对流。在不增加太多计算量的情况下,提供了一个更理想的积云与环境相互作用及其热力过程的描述。该方案包含了水汽运动的云模式,考虑了气流上升、下层、卷吸、卷出的现象。该方案为了控制相对干空气的对流运动设定了最小卷吸率。

(3)辐射过程参数化方案。

计算的辐射过程分为长波辐射和短波辐射。长波辐射方案采用 RRTM 长波辐射方案。该方案来自于 MM5 模式,采用了 RRTM 的方法,它是利用一个预先处理的对照表来表示水汽、臭氧、二氧化碳和其他气体以及云的光学厚度引起的长波过程。短波辐射方案算采用 Dudhia 短波辐射方案。该方案来自于 MM5 模式,采用 Dudhia 的方法,它是简单的累加由于干净空气散射、水汽吸收、云反射和吸收所引起的太阳辐射通量,采用了 Stephens 的云对照表。

(4)陆面过程方案。

计算采用 Noah 长波辐射方案。该方案是 OSU 的后继版,与原先的相比可以预报土壤结冰、积雪影响,提高了处理城市地面的能力,考虑了地面发射体的性质这些是 OSU 所没有的。

(5)边界层方案。

计算采用 YSU 边界层方案。YSU 边界层方案是在 MRF 的基础上发展而来的,表面层用 Monin-Obukhov 相似理论并显示处理边界层顶部的夹卷层。为修正边界层过高的问题,该方案边界层顶定义为依赖于浮力廓线的理查森临界高度。该方案考虑了反梯度输送项对湍流能量输送的影响,也考虑了由捲夹作用导致的热量交换对风温轮廓线的影响。

二、风动力模拟分析

1. 计算工况

由于地理尺度较大,出于模型精度的原因,本研究对大西山和小西山以及大望山分别建立模型进行计算。太平湾风速测站地理位置距离大西山和小西山较近,所以将在大西山和小西山模型中验证风速边界条件。风动力模拟计算工况见表 5-6。

风动力模拟计算工况表 表 5-6

工况	包含山体	山顶海拔(m)	山脚海拔(m)	计算风向	开挖山体
计算工况 1	大西山 & 小西山	64	15	N	否
计算工况 2	大西山 & 小西山	64	15	S	否
计算工况 3	大望山	83	15	N	否
计算工况 4	大望山	83	15	S	否
计算工况 5	大西山 & 小西山	30	15	N	是

计算工况 1 模型地形包含大西山和小西山山体,地形数据依据 GIS 坐标系,选取矩形计算区域。计算风向为 N 向风。计算区域内包含太平湾风速测站。

计算工况 2 模型地形包含大西山和小西山山体,地形数据依据 GIS 坐标系,选取矩形计算区域。计算风向为 S 向风。计算区域内包含太平湾风速测站。

计算工况 3 与计算工况 4 模型地形包含大望山山体,地形数据依据 GIS 坐标系,选取矩形计算区域。计算风向分别为 N 向风和 S 向风。计算区域内不包含太平湾风速测站。

计算工况 5 是在计算工况 1 的模型地形基础上,将大西山和小西山山体开挖,海拔 30m 以上完全挖除。

2. 计算结果

(1)工况 1(大西山 & 小西山 N 向)。

从距离平均地面高 10m 处(海拔 25m 处)风速云图显示的结果看,山体北侧迎风侧,风速衰减影响区域较小;山体东侧和山体南侧背风侧,风速衰减影响区域较大,距离山体超过 1000m 后,风速衰减较小,而在山体两侧有些地方风速有所增强。距离平均地面高 20m 处(海拔 35m 处)风速云图显示的结果,跟距离平均地面高 10m 处风速云图显示的结果规律类似,整体上风速的衰减比距离平均地面高 10m 处更小。海拔 65m 处风速云图,即为山顶点上的水平风速云图,从图中可以看出,山顶处风速,受山体影响风速有明显增强,风速增强的范围大概在山顶点水平几百米范围内。海拔 150m 处的风速云图显示,此高度上,风速受山体的影响已经较小。工况 1 各计算点风速对照图见图 5-18。

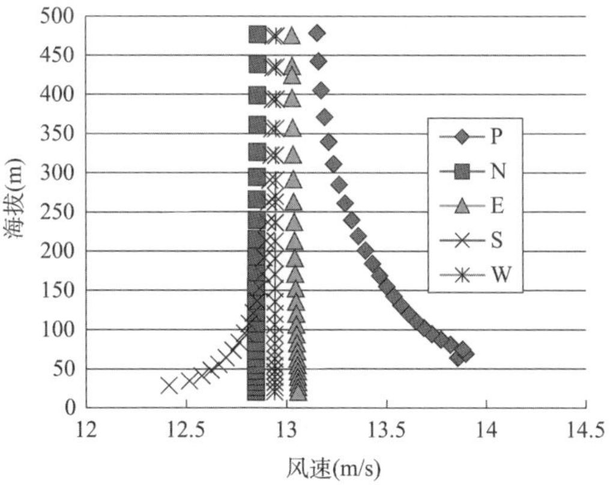

图 5-18　工况 1(大西山 & 小西山 N 向)各计算点风速对照图

(2)工况 2(大西山 & 小西山 S 向)。

从距离平均地面高 10m 处(海拔 25m 处)风速云图显示的结果看,山体南侧及东侧为迎风侧,风速衰减影响区域较大;山体西侧和山体北侧(图中上侧)为背风侧,风速衰减影响区域较小,距离山体超过 200m 后,风速衰减较小,而在山体两侧有些地方风速有所增强。距离平均地面高 20m 处(海拔 35m 处)风速云图显示的结果,跟距离平均地面高 10m 处风速云图显示的结果规律类似,整体上风速的衰减比距离平均地面高 10m 处更小。该工况与计算工况 1 具有相似的风速衰减影响范围的情况,山体南侧和东侧的衰减影响区域较大,西侧和北侧的衰减影响区域较小,这是因为地形上山体南侧和东侧较为平缓,大片区域受山体地形高低变化的影响,风速出现衰减现象。工况 2 各计算点风速对照图见图 5-19。

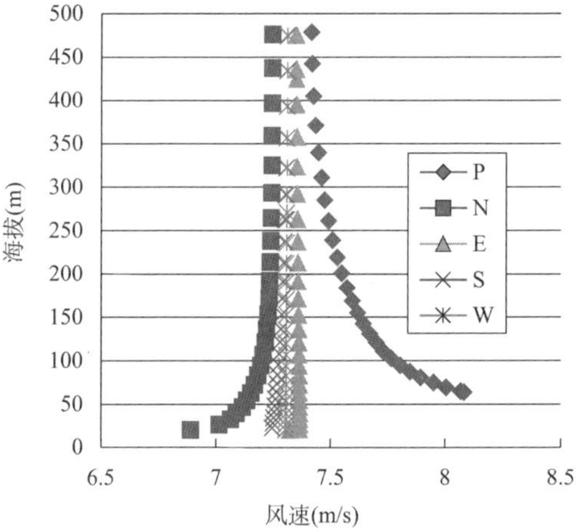

图 5-19　工况 2(大西山 & 小西山 S 向)各计算点风速对照图

(3)工况 3(大望山 N 向)。

计算工况 3 中,从距离平均地面高 10m 处(海拔 25m 处)风速云图显示的结果看,山体北侧为迎风侧,风速衰减影响区域较大;山体南侧为背风侧,风速衰减影响区域较小,距离山体超过 500m 后,风速衰减较小,而在山体两侧有些地方风速有所增强。距离平均地面高 20m 处(海拔 35m 处)风速云图显示的结果,跟距离平均地面高 10m 处风速云图显示的结果规律类似,整体上风速的衰减比距离平均地面高 10m 处更小。海拔 85m 处风速云图,即为山顶点上的水平风速云图,从图中可以看出,山顶处风速,受山体影响风速有明显增强,风速增强的范围大概在山顶点水平几百米范围内。海拔 150m 处的风速云图显示,此高度上,风速受山体的影响已经较小。工况 3 各计算点风速对照图见图 5-20。

(4)工况 4(大望山 S 向)。

计算工况 4 中,从距离平均地面高 10m 处(海拔 25m 处)风速云图显示的结果看,山体南侧迎风侧,风速衰减影响区域较小;山体北侧为背风侧,风速衰减影响区域较大。距离山体超过 1000m 后,风速衰减较小,而在山体两侧有些地方风速有所增强。距离平均地面高 20m 处(海拔 35m 处)风速云图显示的结果,跟距离平均地面高 10m 处风速云图显示的结果规律类似,整体上风速的衰减比距离平均地面高 10m 处更小。与计算工况 3 的规律一致,在山体北侧,山体坡度较缓,受山体影响风俗衰减的区域面积较大。海拔 85m 处风速云图,即为山顶点上的水平风速云图,从图中可以看出,山顶处风速,受山体影响风速有明显增强,风速增强的范围大概在山顶点水平几百米范围内。

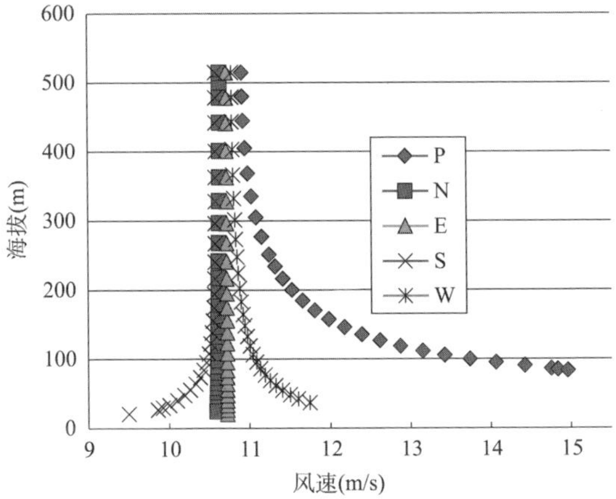

图 5-20　工况 3(大望山 N 向)各计算点风速对照图

(5)工况 5(挖除大西山 & 小西山后 N 向)。

由计算工况 1 和计算工况 5 对比结果分析可知,计算工况 1 下大西山和小西山对风场的影响较小,下风向风力衰减超过 5% 的区域最远至 1km 处,而挖除大西山和小西山后,山体下风向 1km 距离内,风速略有提高,但提高后的风速仍然小于入射风速;而山体下风向 1km 以后的区域,挖除大西山和小西山前后流场情况差别不大。

第六章 应用案例

第一节　宁波舟山港衢山港区控制性详细规划

一、应用背景

宁波舟山港是我国沿海主要港口和国家综合运输体系的重要枢纽。已批复的宁波舟山港总体规划(2014—2030年)明确衢山港区是宁波舟山港的主要港区,功能定位以大宗干散货、液体散货运输为主。衢山港区是中国(浙江)自由贸易试验区和舟山江海联运服务中心的重要组成部分,是承接浙江自贸区油品等大宗商品储存、中转、贸易产业发展的核心资源,具有建设大宗商品储运贸易基地的优越条件。为适应新时期国际、国内经济社会宏观环境的发展变化,贯彻落实国家区域发展战略和自贸试验区的发展的总体要求,更好地指导项目建设和招商引资,促进当地经济发展,开展了宁波舟山港衢山港区控制性详细规划工作。

二、应用情况

(一)港城空间总体布局

根据《宁波—舟山港总体规划(2014—2030年)》,衢山港区自东向西,布局有鼠浪湖、蛇移门作业区,规划发展大型干散货的重点区域,统筹联动发展,鼠浪湖岛是舟山综合保税区"一区两片"的核心载体,是区域发展大宗散货中转、仓储和贸易的重要作业区,兼有保税功能,可尝试建立矿石集散中心,为国际、国内大型矿石贸易商开展矿石中转贸易提供条件;胡琴岙作业区具有发展大宗散货的资源条件,未来可结合大宗商品贸易发展,逐步明确功能及方案,近期作为备用资源予以保护;泥螺山、小黄沙作业区适宜发展规模化的海洋产业及配套运输,具体平面布置和码头功能可结合海洋产业布局要求进一步确定；黄泽山岛地处外海，相对独立，是发展大型液体散货运输的重点区域，双子山岛预留发展液体散货的空间。

结合生态友好和港城融合的规划理念和技术，衢山岛呈现以天然山体生态景观面为隔离的“北生态、中生活、南生产”的整体港城空间布局，港口和城市各自的发展轴向东西延伸，规划示意图见图6-1。其中，港区功能区布局自海向陆依次布置为码头作业区、物流区和预留发展区。根据港口生产运营需要，在港区分块布置综合服务区。

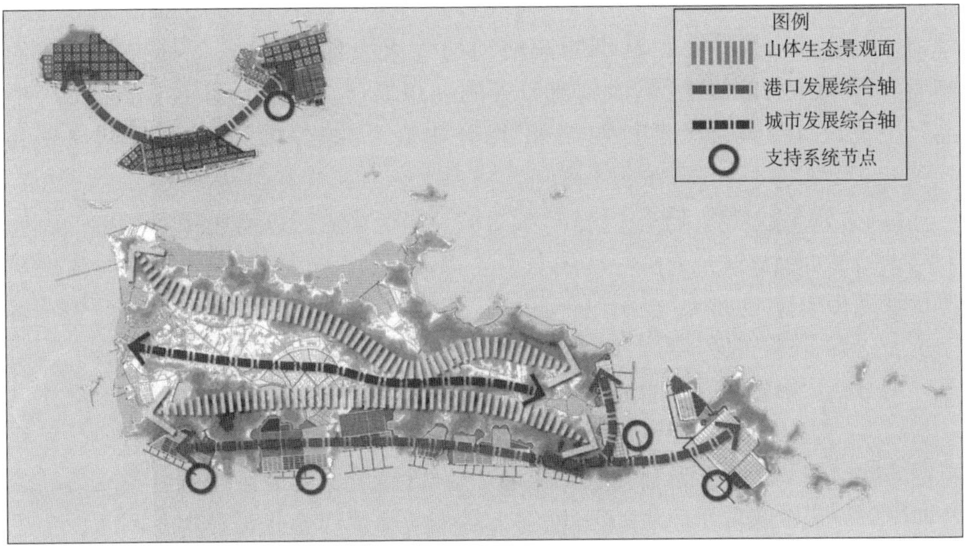

图6-1 宁波舟山港衢山港区生态友好和港城融合港口规划示意图

（二）功能区布局

1. 码头作业区

码头作业区是港口核心功能区，主要包括码头前沿作业地带、堆场及仓库，还包括生产辅助设施、其他配套设施等。本港区码头作业区分为散货码头作业区、通用码头作业区、杂货码头作业区、液体散货码头作业区等。

(1)散货(大宗干散货)码头作业区。

以大宗干散货的装卸、中转堆存等功能为主。区内主要设置有码头前方作业地带、散货堆场、通道、生产辅助设施等。

(2)通用码头作业区。

以普通散、杂货物的装卸、中转堆存、换装等功能为主。区内主要设置有码头前方作业地带、散杂货堆场、仓库、通道、生产辅助设施等。

(3)杂货码头作业区。

以普通杂货物的装卸、堆存、换装等功能为主。区内主要设置有码头前方作业地带、杂货堆场、仓库、通道、生产辅助设施等。

(4)液体散货码头作业区。

以原油、成品油、液体化工等液体散货的装卸、储存、转运等功能为主。区内主要设置有码头前方作业地带、罐区、通道、生产辅助设施等。

2. 物流区

现代港口不仅具备了从事物流活动的先天条件,也具备了催生物流产业的后天因素,是开展现代综合物流服务的理想场所。根据港区功能的定位,本港区主要设置有大宗干散货物流区、综合物流区、综合服务区、预留港口发展区等。

(1)大宗干散货物流区。

大宗散货物流区是衢山港区大宗干散货码头的有机组成部分,散货物流区与散货港区相结合,实现功能互补协调发展,使衢山港区从单一的货物装卸、中转运输功能向集运输、存储、配选、加工、分拨、信息为一体的多功能发展。

(2)综合物流区。

综合物流区主要是为临港产业提供物流服务。对于成规模的临港产业从原材料的采购到产成品的出运都主要依托港口的物流活动,物流活动也日益成为临港产业生产流程中的重要环节。因此,在大规模的临港产业和码头作业区间设施适当的综合物流区是非常重要的。

(3)综合服务区。

由于衢山港区各作业区相对独立,综合服务区将服务布局于各作业区后方,且靠近作业区连接后方城市的公路,包括公用配套设施区、港口商务区、支持系统区、口岸综合服务区等。

公用配套设施区主要设置有变电站、给水调节站、沉淀池、污水处理站、消防站、加油站、换热站等。

港口商务区主要设置综合办公、金融服务和通信信息服务等设施。

支持系统区集中布置海事、导助航、救捞、海上消防等港口管理或服务部门。

口岸综合服务区主要设置海关、检验检疫、边防等部门的监管设施和办公场所,主要包括查验平台、查验场地、仓库、停车场等设施,集装箱作业区布置海关查验区。

(4)预留港口发展区。

临港工业和物流区在货物集散加工等方面一定程度上是相互融合的，港区与临港工业区间应留有一定的港口发展用地，作为港区和临港工业业区间的缓冲地带。既保证港区发展空间，又满足临港工业的水路运输需求，二者相互协调，互不干扰。

第二节　莆田港口集疏运体系研究

一、应用背景

近年来，中国(福建)自由贸易试验区、"21世纪海上丝绸之路"核心区、国家生态文明先行示范区等政策，为福建经济社会发展注入强大动力。福建省提出坚持高质量发展落实赶超，紧紧围绕"交通强国"战略，积极推进"丝路海运"建设，打造面向世界的规模化、集约化、专业化港口群。

党的十九大以来，以习近平同志为核心的党中央高度重视交通运输工作。中央城镇化工作会议上指出要按照促进生产空间集约高效、生活空间宜居适度、生态空间山清水秀的总体要求，和谐发展。新的发展形势为莆田市港口带来重大发展机遇。十年来，莆田港发展迅猛，为了适应港口发展需求，实现港口高质量的发展，落实交通运输部《关于促进沿海港口健康持续发展的指导意见》中"要大力加强港口集疏运体系建设，编制集疏运体系专项规划，加快集疏运通道建设"的要求，实现港口和城市协调发展，做到生产空间集约高效、生活空间宜居的要求，提前谋划、事前评估港口集疏运体系适应性是十分必要的。

二、应用情况

(一)研究范围

仿真模拟研究范围：沈海高速以南，秀屿港区和东吴港区的公路集疏运通道。

(二)公路集疏运通道适应性研究

1. 宏观仿真

第一阶段工况方案：现状路网下规划港区规模和现状城市交通量的公路集疏运通道适应。从表6-1、表6-2中可以看出，大部分车流量分布在X207、城港大道和莆永高速，X207、城港大道是主要的货运通道，莆永高速主要承担周边城市的客运出行。

主要通道宏观仿真计算结果(一) 表6-1

道路	单向流量[辆(标准车)]	负荷度	评价
X207	6138	0.42	良好
城港大道	8375	0.28	畅通
莆永高速	7145	0.24	畅通
滨海大道	398	0.02	畅通
X294	456	0.03	畅通

主要通道宏观仿真计算结果(二) 表6-2

道路	单向流量[辆(标准车)]	负荷度	评价
X207	793	0.46	良好
城港大道	1250	0.34	良好
莆永高速	1055	0.35	良好
滨海大道	50	0.02	畅通
X294	63	0.03	畅通

第二阶段工况方案:规划路网下规划港区规模和规划城市交通量的公路集疏运通道适应性。从表6-3、表6-4中可以看出G228分流了较大一部分车流量,X207车流量较现状路网少了近1/3。城港大道和莆永高速路段流量较大,主要是由于南部城市规划人口规模较大,产生大量城市交通流。通过宏观仿真结果初步判断X207和城港大道、G228和城港大道的路口流量较大,可能存在拥堵,需要进一步验证。

主要通道宏观仿真计算结果(三) 表6-3

道路	单向流量[辆(标准车)]	负荷度	评价
X207	4280	0.2	畅通
G228	3290	0.17	畅通
城港大道	17700	0.82	缓慢
莆永高速	28538	0.8	缓慢
滨海大道	265	0.02	畅通
X294	457	0.03	畅通
罗屿疏港大道	726	0.05	畅通

主要通道宏观仿真计算结果(四)　　表6-4

道路	单向流量[辆(标准车)]	负荷度	评价
X207	546	0.24	畅通
G228	476	0.19	畅通
城港大道	2431	0.81	缓慢
莆永高速	2932	0.82	缓慢
滨海大道	35	0.01	畅通
X294	60	0.03	畅通
罗屿疏港通道	95	0.04	畅通

2. 微观仿真

除现状立交外,规划路网的节点均采用平交形式。微观仿真结果见图6-2 ~ 图6-5,路网仿真统计指标见表6-5,主要通道仿真统计指标见表6-6,主要路口仿真统计指标见表6-7。

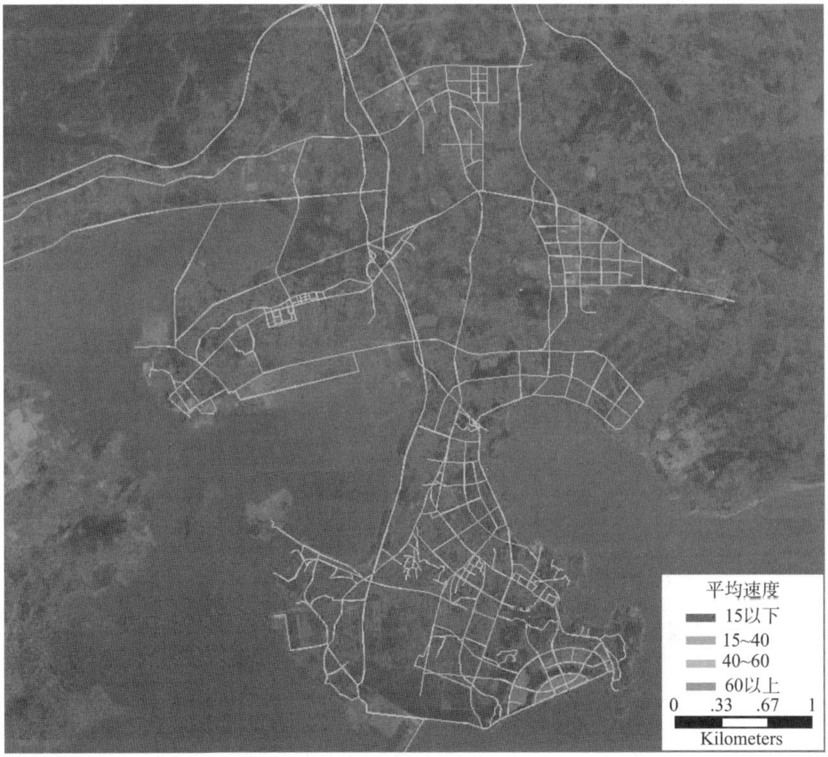

图6-2　微观仿真结果图

图6-3　微观仿真结果图(X207与港城大道路口)

X207县道与港城大道流量较大,路口延误为68.7s,服务水平为E,需要进行路口优化,从而缓解路口拥堵。

图6-4　微观仿真结果图(G228与城港大道路口)

G228与港城大道路口运行顺畅,延误为21s,服务水平为C。

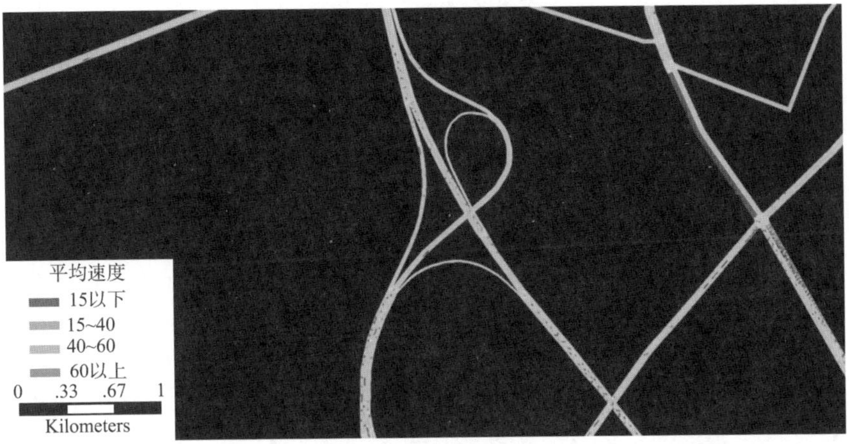

图6-5　微观仿真结果图（莆永高速路口）

路网仿真统计指标表　　表6-5

统计项目	值	单位	评价
高峰小时车辆总数	9680	辆	—
平均出行距离	10.5	km	—
平均出行速度	42.5	km/h	畅通
平均出行时间	14.8	min	—
平均延误时间	3.8	min	畅通
平均停车次数	2.5	次	畅通

注：从统计指标可以看出，平均延误时间合理，整体路网运行较为通畅。

主要通道仿真统计指标　　表6-6

通道	单向流量（辆）	平均速度（km/h）	服务水平
X207	485	39.7	C
G228	489	38.5	C
城港大道	2534	43.2	B
莆永高速	2889	80.5	A
滨海大道	33	36.5	C
X294	59	38.5	C

主要路口仿真统计指标 表 6-7

通道	单向流量(辆)	平均延误(s)	排队长度(km)	服务水平
X207 与城港大道路口	6538	68.7	0.8	E
G228 与港城大道路口	5453	20.7	0.1	C

3.路口优化方案

X207 县道与港城大道路口交通流量较大,需进行路口优化,首先采用拓展车道数的方案。由于城港大道南北向车流量大,进口车道由 3 车道拓展成 5 车道。微观仿真结果见图 6-6。

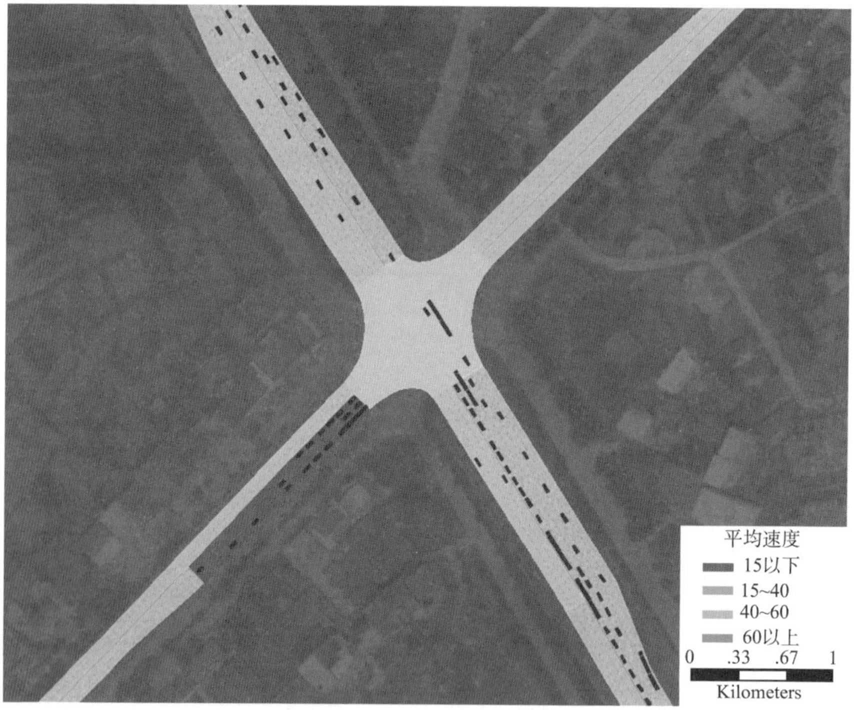

图 6-6 微观仿真结果图(X207 县道与城港大道路口优化方案)

根据仿真模拟结果,X207 县道与港城大道路口通过优化延误减少到 35.3s,服务水平变成 C,运行效率可接受。规划路网基本能够满足货运需求,但是随着城市规划实施,城市交通量规模的大幅提高,X207 和城港大道的交叉路口会出现服务拥堵,服务水平较差,因此采用了拓宽进口侧车道数的方案进行优化,通过优化方案缓解了路口的拥堵,路口服务水平从 F 提升为 C。

第三节 茂名港总体规划

一、应用背景

茂名市位于广东省西部沿海，东邻阳江，西接湛江，北连云浮和广西壮族自治区，南濒南海，坐拥水东湾、博贺湾和吉达湾，具有发展水运的优良自然条件。

茂名港是广东省地区性重要港口和粤西综合运输体系的重要枢纽，长期以来，茂名港主要服务于茂石化原油及成品油运输，功能相对单一。为加快广东茂名滨海新区开发建设、培育粤西地区新的增长极，茂名市委市政府做出港口规划先行、指导加快发展的决定。为合理利用和有效保护港口资源，体现港城协调规划理念，保障茂名港持续健康发展，开展了茂名港总体规划修订工作。

二、应用情况

（一）总体规划格局

茂名港抓住作为广东西翼沿海增长极的重大战略机遇加快发展，坚持走高质量发展的道路，特别注重港城和谐、资源节约、环境友好，通过功能调整和资源整合，优化配置和利用资源。结合各港区区位条件，按照茂名市城市向南拓展、向东加快沿海临港产业布局和生态环保要求，规划提出调整水东港区、重点发展博贺新港区、加快发展吉达港区的布局思路，形成以水东港区为依托，博贺新港区为重点，吉达港区为重要组成的总体发展格局。

在研究过程中，将港城空间关系评价、生态港口规划等技术进行了应用。一是注重港产城融合发展，深入分析水东港区港城关系，提出现阶段水东港区发挥既有设施能力、积极稳妥推进功能改造的港城发展导向；提出发挥吉达港区土地资源优势，依托临港产业起步，引导临港新城建设，实现“造深水大港”“兴现代产业”“建滨海新城”互动融合发展。二是注重生态绿色发展，在总体规划研究过程中，注重关键生态要素的识别分析，控制博贺新港区围填海规模、缩减博贺湾岸线使用规模、打造港口周边绿色屏障，实现港口发展与红树林保护、渔业养殖、海岛旅游等协调发展。三是注重茂名港三大港区协同发展，促进水东港区转型升级、博贺新港区全面开发、吉达港区规模化起步，力争实现港口、城市与环境多元协调发展。

（二）水东港区规划

根据港城协调、融合发展的发展要求，对水东港区方案进行优化调整。

1. 水东港区西岸作业区

水东港区西岸作业区维持现状，形成液体散货作业区、散杂货作业区以及支持系统等相对集中的功能区。

液体散货作业区维持现有规模，主要满足西部石化产业发展。远期结合城市发展，危险品逐步东迁至吉达港区、博贺新港区。

散杂货作业区维持现有规模，通过改造、调整逐步完善现有功能。可结合博贺新港区的开发建设，逐步将煤炭等货类东迁。

现有油脂码头以北剩余300m顺直岸线规划为港口支持系统岸线。

2. 水东港区东岸作业区

鑫龙码头南侧700m岸线随着城市发展及水东港区煤炭、危险品等功能转移后结合方案研究，规划适时发展邮轮游艇等休闲旅游和客运。码头后方企业应相关需要确定规模。疏港道路通过在建滨海公路与外围高速、国道路网相接。

3. 集疏运方案

提高现有疏港公路的技术等级，西岸、东岸作业区分别通过疏港一路和疏港二路、疏港东路连接至S280、G325以及后方公路网。

水东港区布置规划图见图6-7。

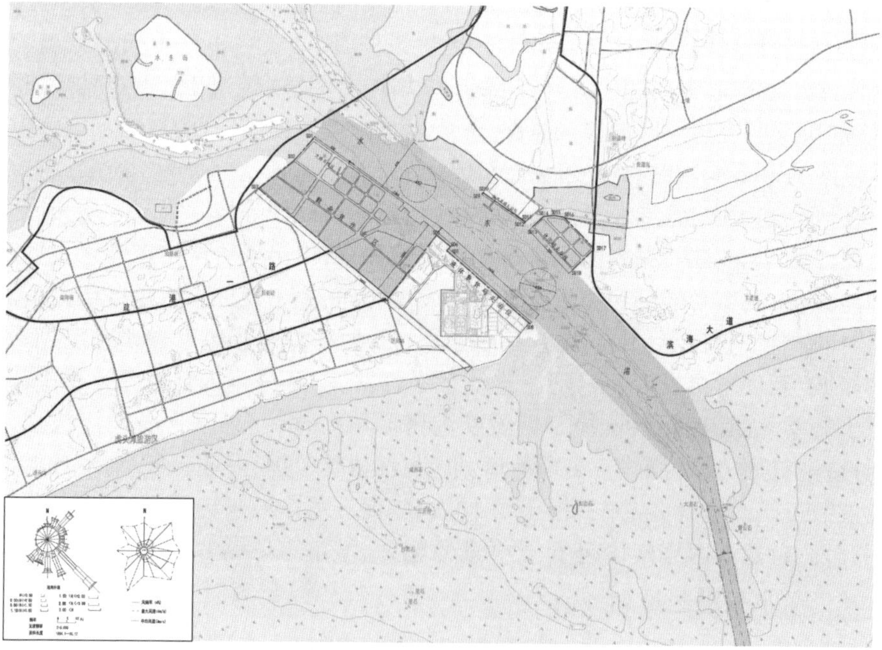

图6-7　水东港区布置规划图

（三）博贺新港区规划

规划博贺新港区自莲头半岛分别向东南、西北方向填海形成，以莲头半岛为界，分为面朝外海的东部作业区和博贺湾内的西部作业区，规划方案注重生态集约发展，控制博贺新港区围填海规模、缩减博贺湾岸线使用规模，同时注重综合集疏运通道的布置。

1. 博贺新港区东部作业区

(1)大宗干散货作业区。

干散货码头位于中突堤两侧。其中突堤西侧岸线长 990m，布置 10 万吨级干散货泊位 3 个；东侧岸线长 1785m，采用大小泊位相结合的方式，南部布置 20 ~ 30 万吨级干散货泊位 2 个，北部依次布置 5 ~ 20 万吨级散货泊位 3 个，通过皮带机与后方东阁岭开山形成的矩形堆场相连，堆场总面积约 220 万 m^2。

(2)液体散货作业区。

液体散货作业区包括东部和南部等两部分，其中东部液体散货临近东防波堤，集中布置在东港池底部及东侧，底部布置 1 ~ 5 万吨级成品油及液体化工泊位 3 个；东侧依次布置 1 ~ 10 万吨级成品油及液体化工泊位 9 个和 30 万吨级原油泊位 1 个。规划东部液体散货码头岸线总长 3640m，陆域仓储罐区在落实好安全生产运营、生态环保等各方面要求前提下，结合企业生产需求配套建设。

南部液体散货作业区主要为 LNG 码头，位于西港池西防波堤口门附近，码头岸线长 860m，规划大型 LNG 泊位 1 个；预留 1 个，结合发展需要及通航相关要求进一步优化方案。罐区布置于码头后方，面积约 25 万 m^2。

(3)通用作业区。

通用作业区位于西港池西侧，自莲头岭沙坝向南回填形成陆域，码头岸线长 2800m，顺岸布置有 5 ~ 10 万吨级通用泊位 10 个。后方堆场纵深 600m，面积约 205 万 m^2。

(4)堆存区。

堆存区位于大宗干散货作业区东侧和北侧，面积约 315 万 m^2，主要预留为堆存用地，未来将结合城市用地功能调整及搬迁，在满安全生产、生态环保等相关要求前提下开发建设。

(5)仓储物流区。

仓储物流区位于干散货堆场西侧、通用作业区北侧，面积约 365 万 m^2，发展成为具备货物中转、分拨、配送等功能的现代物流区。

(6)支持系统区。

规划位于西港池东北部和西南部,岸线总长475m。

2. 博贺新港区西部作业区

(1)通用作业区。

通用作业区总体呈L形布置,中部嵌套小港池。规划岸线长5630m。本功能区港池西侧主要辅助博贺新港区东部港区,进行货物转运;东侧重点满足临港工业发展需要。根据水深及岸线条件,泊位等级以2万吨级为主。陆域面积400万m^2。

(2)修造船码头作业区。

修造船码头作业区位于通用作业区东侧,规划岸线长700m,陆域面积40万m^2。主要满足修造船发展需要。

(3)临港工业区。

临港工业区位于通用作业区南侧。临港工业区陆域面积375万m^2。临港工业区主要服务于海工装备制造区、海工及船舶配套区、特种船建造区、石化装备建造区、电力能源装备建造区。

3. 集疏运方案

在疏港铁路两侧建设2条基本与现状沙坝平行的高等级疏港公路,东侧为茂名港大道、西侧为新港东路,分别是东作业区和西作业区与滨海新区、后方腹地联系的主要通道。两条疏港公路均可连至G228,其中茂名港大道还在马踏镇附近连至G15。港区内部布置垂直于疏港公路的主干路,实现各作业区与疏港公路的有效连接。

规划博贺新港区疏港铁路自茂名东站出线,衔接茂名东站、博贺新港区及吉达港区,并通过洛湛、三茂铁路与全国铁路网相连。

博贺新港区布置规划图见图6-8。

(四)吉达港区

规划吉达港区向海围填形成,采用环抱式掩护、突堤港池相结合的平面布置形式,分为东、西两部分。东部区域水深浅,造陆成本相对较低,基岩埋深条件相对较好,具备开挖高等级航道的条件,因此建议规划港区宜从东部区域起步,以15万吨级以下大型深水泊位建设为主;西部区域受口门附近基岩埋深条件的限制,泊位等级不宜超过5万吨级。港区最终将形成“双口门、三突堤、六港池”的总体格局。

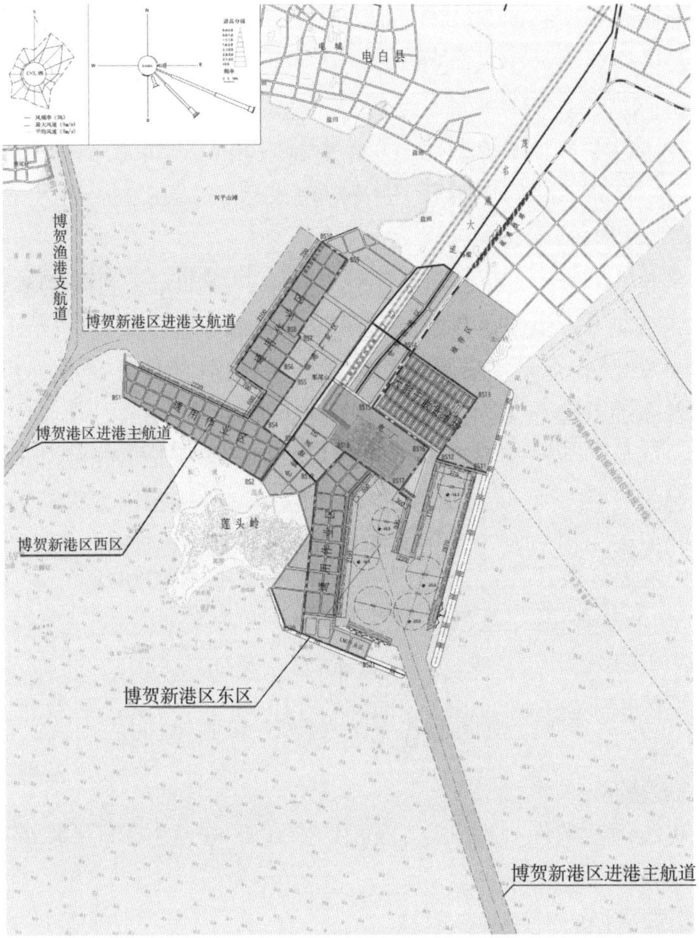

图6-8 博贺新港区布置规划图

1. 港区布置方案

(1)液体散货作业区。

液体散货作业区位于东二港池、东三港池和东四港池，规划岸线7940m，可布置液体散货泊位26个。其中东二港池岸线1950，可布置1～5万吨级液体散货泊位8个；东三港池岸线长2845m，可布置5～10万吨级液体散货泊位9个；东四港池岸线长3145m，可布置5～10万吨级液体散货泊位9个。该作业区陆域布置在东2港池北侧，面积约135万m^2。

(2)服务临港工业区的通用及修造船作业区。

服务临港工业区的通用及修造船作业区位于东一港池北侧及东侧，规划服务临港工业的通用码头岸线1200、修造船码头岸线1980m，面积约115万m^2，以满足生产作业及临港产业集约布局需要。

(3)通用作业区。

通用作业区位于东一港池西侧，规划岸线1750m，可布置2～5万吨级通用杂货泊位8个。该作业区陆域面积约160万m^2。

(4)集装箱发展区。

集装箱发展区位于中突堤东侧，通用作业区的南部，规划岸线长1650m，可布置5万吨级及以上集装箱泊位6个。该作业区陆域面积约145万m^2。

(5)支持系统区。

支持系统区位于东二港池北部，岸线长235m，面积1万m^2，作为集多种功能为一体的综合支持系统基地，并重点兼顾为液体散货作业区提供消防、拖轮、溢油应急等配套设施。

(6)预留通用发展区。

预留通用发展区位于西部，规划岸线长6380m，面积约600万m^2，可布置万吨级以上泊位30个左右，满足港区远景发展要求。

(7)仓储物流区。

仓储物流区位于港区外东北部，面积约120万m^2，主要从事与港口功能拓展相关的仓储、加工、配送等综合物流服务。

(8)临港工业区。

临港工业区位于港区外西北部，面积约600万m^2，主要满足临港产业集约布局需要。

2. 集疏运方案

规划将形成“四纵二横”的总体框架，其中：“四纵”——基本与海岸线正交的南北向道路，自东向西依次为城东路、进港东路、吉港大道、博贺大道，是联系港口与后方产业区、茂名城区、后方腹地的主要通道，并连接至G228，吉港大道在马踏立交处连接至G15；“二横“——基本平行于岸线走向的东西向道路，自南向北依次为港前路、吉达路，是吉达港区与博贺新港区之间联系的主要通道。

吉达港区疏港铁路从博贺新港区港前站引入，沿港前路南侧进入港区。

吉达港区布置规划图见图6-9。

图 6-9 吉达港区布置规划图

参 考 文 献

[1] 王缉宪. 中国港口城市的互动与发展[M]. 南京:东南大学出版社,2010.

[2] 蒋耀辉. 大连开埠建市[M]. 大连:大连出版社,2013.

[3] 刘长德. 大连城市规划100年[M]. 大连:大连海事大学出版社,1998.

[4] 郭建科,韩增林. 中国海港城市"港—城空间系统"演化理论与实证[J]. 地理科学,2013,33(11):1285-1292.

[5] Masterplans for the Development of Existing Ports[S]. The World Association for Waterborne Transport Infrastructure,2014.

[6] 王红燕. 大连经济技术开发区建设用地拓展的时空特征与驱动力研究[D]. 大连:辽宁师范大学,2014.

[7] 李蕊,陈志雄,陈飞,等. 港城协调理念下港口集疏运规划探讨[J]. 综合运输,2020,42(3):57-60.

[8] 左天立,查雅平,聂向军,等. 生态型港口规划理念研究[J]. 水运工程,2017(5):56-61.

[9] 李蕊,姚姗姗,丁文涛,等. 基于改善水体交换能力的环保式长港池布置优化[J]. 水运工程,2021(2):42-47.

[10] Protecting water quality in marinas[R]. USA: PIANC RecCom Working Group,2008.

[11] PIANC. Masterplans for the development of existing ports[R]. PIANC,2008.

[12] Ecoshape. Building with nature [R]. European Regional Development Fund,2012.

[13] 王文勇,陈楠. 山区风场的WRF/CALMET模式模拟[J]. 西南交通大学学报,2010,6:990-996.

[14] 李永乐,胡朋,蔡宪棠,等. 紧邻高陡山体桥址区风特性数值模拟研究[J]. 空气动力学学报,2011.6.

[15] 史锋,刘奇伟,黄宁. 复杂地形下的近地层风沙运动模拟[J]. 计算力学学报,2008,S1.